AF337543

CHAQUE PIÉCE, 20 CENTIMES.
408ᵉ ET 409ᵉ LIVRAISONS.

MICHEL LÉVY FRÈRES, ÉDITEURS,
RUE VIVIENNE, 2 BIS.

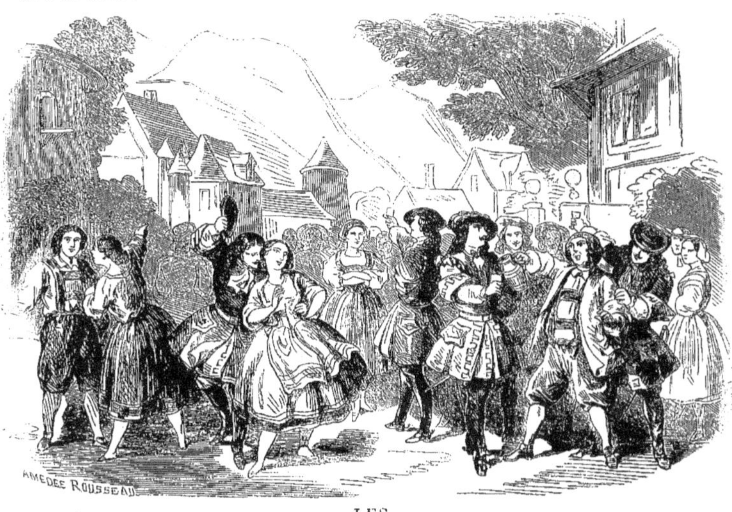

LES
DRAGONS DE VILLARS

OPÉRA-COMIQUE EN TROIS ACTES

PAR

MM. LOCKROY ET CORMON

MUSIQUE DE M. AIMÉ MAILLART

REPRÉSENTÉ POUR LA PREMIÈRE FOIS, A PARIS, SUR LE THÉATRE-LYRIQUE, LE 19 SEPTEMBRE 1856.

DISTRIBUTION DE LA PIÈCE

THIBAUT, (riche fermier).............	MM. Girardot.	GEORGETTE, (femme de Thibaut)....	Mˡˡᵉˢ Girard.
SYLVAIN, (son premier garçon).....	Scott.	ROSE FRIQUET, (pauvre paysanne)...	Juliette Borghèse.
BÉLAMY, (sous-officier de dragons)..	Grillon.	DRAGONS..........................	
UN PASTEUR....................	H. Adam.	PAYSANS.........................	
UN DRAGON	Quinchez.	PASANNES........................	
UN LIEUTENANT DE DRAGONS.....	Garcin.		

La scène se passe dans un village de la montagne de l'Esterel, vers 1704, à la fin de la guerre des Cévennes.

— Droits de représentation, de reproduction et de traduction réservés. —

ACTE PREMIER.

Le théâtre représente une cour de ferme avec une haie servant de clôture et coupée par une simple barrière en bois. A droite, un hangar ouvert attenant à l'habitation de Thibaut. A gauche, un vieux colombier avec une porte praticable. Au fond, l'étroite vallée qui serpente dans la montagne et le long de laquelle s'élèvent les chaumières qui composent le village.

—

SCÈNE PREMIÈRE.

GEORGETTE, PAYSANNES, assises ou debout, occupées à rentrer dans la maison ou à placer dans des paniers des oranges, des olives, etc. Georgette va et vient au milieu d'elles, surveillant le travail et donnant des ordres.

INTRODUCTION.

CHŒUR.

Heureux enfants de la Provence
Travaillons

Et cueillons
Ces fruits dorés dont l'abondance
Enrichit nos vallons.

GEORGETTE.

Nos maris sont à la ville;
Du marché, c'est le grand jour,
Qu'ici l'on se rende utile
En attendant leur retour.

CHŒUR.

Heureux enfants de la Provence, etc.

(Après le chœur, Georgette fait signe aux autres femmes de s'approcher d'elle et de se reposer. Elles déposent leurs paniers et forment différents groupes.)

UNE JEUNE FILLE.

Madame Thibaut!... chantez-nous donc quelque chose.

GEORGETTE.

CHANSON PROVENÇALE.

PREMIER COUPLET.

Blaise qui partait
En mer s'en allait

Servir un an la patrie...
Blaise dit un soir :
J'aurais bon espoir
Si tu le voulais, Marie.
— Que faut-il pour ça?
Blaise à ce mot-là
L'embrassa !
— Pars, ami, lui dit-elle,
Pars, et crois-en mes pleurs,
Je t'attendrai fidèle
Aux orangers en fleurs!

CHŒUR.
C'est le temps des beaux jours,
Des amours!

DEUXIÈME COUPLET.
GEORGETTE.
Le mistral souffla,
Le vaisseau coula,
Hélas! avec l'équipage!
Lorsque l'an finit,
La belle se dit :
Rester fille!... ah! quel dommage!
Mais que puis-je à ça?...
Pierre, qui passait là,
L'embrassa!
Serment d'être fidèle
S'est noyé dans les pleurs:
Pierre épousa la belle
Aux orangers en fleurs.

CHŒUR.
C'est le temps des beaux jours!
Des amours!
(Reprenant leurs paniers et se remettant toutes à l'ouvrage.)
Heureux enfants de la Provence
Travaillons...
(Un bruit éloigné de trompettes interrompt le chœur, et les femmes s'arrêtent tout à coup.)
GEORGETTE.
Mais écoutez!.. au pied des monts,
Ce bruit que l'écho répète,
On dirait la trompette!
CHŒUR, avec effroi.
Grand Dieu!.. seraient-ce des dragons!

SCÈNE II.

LES MÊMES, THIBAUT, accourant d'un air effaré et pouvant à peine parler.

THIBAUT.
Ne vous montrez pas!
Femme, veuve ou fille
Que tout soit sous grille,
Voici les soldats!
Du marché par la vallée.
Tout en comptant mes écus,
Je m'en venais, suivant mes us,
Lorsque leur troupe endiablée
M'apparut dans le lointain,
Du hameau gagnant le chemin.
Lors, j'ai disparu...
J'ai pris par le ru...
Et j'ai tant couru
Que j'en suis fourbu!
Ne vous montrez pas!
Femme, veuve ou fille,
Que tout soit sous grille,
Voici les soldats!

CHŒUR.
Des soldats! des soldats!
(La trompette se rapproche, on entend distinctement une marche militaire. Les femmes témoignent la plus grande crainte.)
THIBAUT.
Vite! Vite!... dans le presbytère!... Toi, femme, dans le colombier!... et ne bouge pas, tant que les dragons seront ici!
(Les femmes sortent toutes d'un côté en se bousculant. Thibaut fait entrer Georgette dans le colombier. A peine en a-t-elle tiré la porte sur elle et s'est-il sauvé dans sa maison, que les dragons paraissent au fond et entrent dans la cour.)

SCÈNE III.

BELAMY, DRAGONS
CHŒUR.
Arrêtons-nous dans ce village,
Le pays nous semble bon,
Du vin, un gîte et du fourrage
Voilà ce qu'il faut au dragon!

BELAMY.
Quand le dragon a bien trotté,
Qu'il arrive bien éreinté
Qu'il soit bien, qu'il soit mal,
Il faut d'abord qu'il pense à son cheval.
Avant tout, avant lui, l'animal!
Bouchonne, mon fils,
Bouchonne cocotte,
C'est elle qui trotte
Et c'est toi qui séduis!
Bouchonne, mon vieux,
Demain, vous serez beaux tous deux!
Le fantassin, triste victime,
Arrive et dort sans autre soin.
Le dragon est plus magnanime;
Dès qu'il fait halte, il court au foin,
Brosse sans regrets
Brides et harnais...
Puis il songe à lui,
Quand tout est fini!
Bouchonne, mon fils,
Bouchonne cocotte,
C'est elle qui trotte,
C'est toi qui séduis!

CHŒUR.
Bouchonne, mon vieux,
Demain vous serez beaux tous deux!
BELAMY.
Enfants!... le vin de ce pays
Est, dit-on, un vin de ripaille;
Quand vous reviendrez de la paille
Je vous en dirai mon avis.
A la corvée allez pour moi,
Je vais boire pour vous à la santé du roi!

CHŒUR.
Arrêtons-nous dans ce village,
Le pays nous semble bon,
Du vin, un gîte et du fourrage
Voilà ce qu'il faut au dragon !
(Ils sortent et se dispersent dans le village.)

SCÈNE IV.

BELAMY, puis THIBAUT.

BELAMY.
Ah çà! tout le monde est-il mort ou endormi dans ce village? Je n'y ai point encore aperçu l'ombre d'une figure humaine. (Frappant à la porte de Thibaut.) Holà! hé!.. réveillons-nous!.. holà! paysans!..
THIBAUT, sortant de chez lui.
Vous demandez quelqu'un, mon officier?
BELAMY.
Oui, vous ou un autre... n'importe qui, le premier venu... J'aime mieux que ce soit vous.
THIBAUT.
Merci!
BELAMY.
Tournure de notable, ça me va : jolie maison... ça me va... air d'aisance, ça me va; tout me va!.. Donc, j'établis chez vous mon ordinaire, moyennant quoi vous me donnez à dîner : je fournis le pain, vous la viande; quand au dessert, il est à votre charge.
THIBAUT.
Merci!
BELAMY.
Avez-vous des vivres?
THIBAUT.
Oui, pour moi.
BELAMY.
Très-bien : je les prends... Du vin?
THIBAUT.
Pour moi.
BELAMY.
Je le prends... un lit?
THIBAUT.
Le mien.
BELAMY.
Je le prends.
THIBAUT, du même ton.
Eh! allez donc! Vous faut-il encore quelque chose, mon brigadier?
BELAMY.
Non! pas pour le quart d'heure. (Faisant un pas vers la maison, puis, s'arrêtant.) Ah!.. un détail. Êtes-vous marié?

THIBAUT, d'un ton railleur.

Tiens, c'est juste! parlons-en : je l'ai été.

BELAMY.

Et vous êtes veuf?

THIBAUT.

Dieu merci!.. Je voulais dire hélas!

BELAMY.

Vous n'avez pas de chance!

THIBAUT.

Ni vous non plus... les femmes sont très-rares par ici cette année... l'épidémie a tout râflé.

BELAMY.

Toutes les femmes?

THIBAUT.

Il n'en reste à personne.

BELAMY.

Un village de veufs!.. qu'est-ce que vous me contez-là?

THIBAUT.

Dame! vous savez? quand la maladie se met quelque part... voyez les bestiaux... et puis, il y a encore autre chose.

BELAMY.

Quoi donc?..

THIBAUT.

Tant que la guerre que Sa Majesté le roi Louis XIV fait aux Camisards est restée renfermée dans les montagnes des Cévennes, on ne s'en préoccupait pas beaucoup de ce côté; mais depuis qu'ils ont été chassés de leur pays et traqués par les dragons de M. le maréchal de Villars, on a pensé par ici que plusieurs d'entre eux pourraient bien se réfugier dans notre montagne de l'Esterel. Or, il n'était pas à présumer qu'on les y laisserait longtemps tranquilles, et en effet, voilà que vous venez leur donner la chasse. Nos gens là-dessus se sont dit en eux-mêmes qu'il n'y avait trop rien de bon à attendre soit de l'enclume, soit du marteau; et, alors, ceux qui avaient encore ou leur femme, ou leurs filles, les ont expédiées, les unes à Grasse, les autres à Cannes, partie à Antibes, partie à Fréjus; un peu partout. Uniquement pour qu'on ne les trouve pas : vous comprenez?

BELAMY.

Sont-ils bêtes!

THIBAUT.

Le sont-ils?.. hein! De sorte que pour le moment, on ne rencontrerait pas un cotillon à deux lieues à la ronde.

BELAMY.

Les imbéciles!

THIBAUT.

Ah! ne m'en parlez pas!

BELAMY, avec humeur.

Allons, mon dîner!

THIBAUT.

Je vais l'apprêter.

BELAMY.

Et un guide.

THIBAUT.

Vous partez?

BELAMY.

Eh! que diable voulez-vous que l'on fasse ici à présent?

THIBAUT.

Oh! rien... Et si c'est vous qui commandez le détachement...

BELAMY.

C'est moi, attendu que j'ai laissé mon lieutenant en observation dans la vallée. On joli poste où il n'y a ni eau, ni vin, ni vivres, ni fourrages; mais comme le lieutenant est Irlandais et qu'il n'entend pas deux mots de notre langue, il s'en rapporte à moi pour choisir nos campements respectifs, et je choisis...

THIBAUT.

Les bons?

BELAMY.

Comme de juste! — Un mot encore, paysan : Sommes-nous loin de l'endroit qu'on appelle les grottes de Saint-Gratien?

THIBAUT.

A une heure de marche tout au plus, c'est là-haut, par delà l'ermitage que vous apercevez. Est-ce que vous avez ordre de les fouiller?

BELAMY.

Précisément. Peut-on nous y conduire?

THIBAUT.

Comment donc? mais je me ferai un plaisir de vous accompagner. (Appelant.) Sylvain? (Continuant.) Du moment où vous partez, je suis trop heureux... (Appelant.) Sylvain!

BELAMY.

En attendant, je vais faire un somme.

THIBAUT.

Voici la grange.

BELAMY.

J'aime mieux votre lit.

THIBAUT.

Ça dépend des goûts!

BELAMY.

C'est le mien... Mais sont-ils bêtes dans ce pays-ci!... (Il entre chez Thibaut.)

SCÈNE V.

THIBAUT, SYLVAIN.

THIBAUT, parlant toujours à Belamy.

Oh! ils le sont! ils le sont!

SYLVAIN, avec inquiétude, apercevant Belamy qui sort.

Les dragons ici!

THIBAUT, quand Belamy a repoussé la porte.

Ouf! j'en vais être débarrassé! (Appelant avec plus de force.) Sylvain!

SYLVAIN, très-préoccupé.

Vous me demandez, not' maître?

THIBAUT.

Ah! te voilà... D'où est-ce que tu viens comme ça depuis la pointe du jour que tu es parti pour le hameau de Luz, avec mes olives?

SYLVAIN.

Tenez, ne m'en parlez pas, not' maître. J'ai trop de chagrin pour vous répondre.

THIBAUT.

Comment, que je n'en parle pas! mais je veux le savoir. Écoute, Sylvain, depuis que tu es dans le pays, tu t'y es fait la réputation d'un garçon sage, économe et brave au travail; mais si tu continues à lambiner comme tu fais depuis quelque temps, si on ne sait ni où tu vas ni ce que tu deviens, tu pourras te louer ailleurs, je t'en avertis... Va me seller ma mule.

SYLVAIN.

Il vous la faut?

THIBAUT.

Mais apparemment, puisque je la demande.

SYLVAIN.

La!... J'étais sûr que ça m'arriverait et que vous en auriez besoin aujourd'hui.

THIBAUT.

Eh bien! qu'est-ce qui te gêne là-dedans?

SYLVAIN.

Ce qui me gêne?... c'est que...

THIBAUT.

Quoi?

SYLVAIN.

C'est qu'elle n'est pas ici... c'est qu'elles n'y sont ni l'une ni l'autre... c'est que je les ai perdues.

THIBAUT.

Perdues! mes mules!... où ça?

SYLVAIN.

Dans la montagne... aux environs des grottes de Saint... (se reprenant.) Dans la montagne enfin... Je ne comprends pas comment elles ont pu se perdre. Je les avais si bien attachées!...

THIBAUT.

Pardine! on te les aura volées!

SYLVAIN.

Volées?

THIBAUT.

Non? il n'y a pas de gens capables de le faire dans la montagne? On ne sait pas bien que, depuis quelque temps, des bandes de fugitifs se cachent par ici?

SYLVAIN, à part.

Grand Dieu!

THIBAUT.

Ces gaillards-là se gêneraient pour enfourcher mes mules, afin de se sauver plus vite!

SYLVAIN.

Non, not' maître; personne n'a passé sur la route, personne ne les a volées, et, si quelqu'un l'avait fait, Rose qui rôdait par-là, suivant son habitude, avec sa chèvre, Rose Friquet, m'aurait attendu pour m'en avertir.

THIBAUT.

Ah ben! si tu as compté là-dessus!... Le Friquet aider son prochain?... Elle!... la plus maligne engeance de tout le pays, qui court la montagne de nuit comme de jour toute seule avec sa méchante petite chèvre, et dont tout le monde s'écarte au point que les enfants lui jettent des cailloux quand ils la rencontrent?

SYLVAIN.

Oh! ne parlez pas de cela, monsieur Thibaut, car c'est ainsi qu'on la rend méchante, et je trouve que c'est indigne!

THIBAUT.

Oui? Tu dis ça parce que l'autre jour, au moment où on lui lançait une pierre qui pouvait la blesser bien fort, tu t'es jeté au-devant du coup, et tu l'as reçu pour elle comme un imbécile? Mais si tu crois qu'en retour elle t'aurait aidé à retrouver .os mules!... Ah bien!... elle les noierait plutôt si elle savait où elles sont.

SYLVAIN.

Écoutez!

THIBAUT.

Quoi?

SYLVAIN.

J'avais cru entendre... sur la route... Oui... c'est leur grelot..., je le reconnais... les v'là!...

THIBAUT.

Mes mules?

SYLVAIN.

Je vous dis qu'elles reviennent!

THIBAUT.

Ventre à terre? elles qui ne trottent jamais! allons donc! (Poussant un cri.) Ah! le Friquet est dessus... à califourchon!.. Veux-tu descendre?... Et le fossé?... elle va leur faire sauter le fossé!... (A Sylvain.) Cours vite!

SYLVAIN, sortant.

Oui, not' maître!

THIBAUT.

Veux-tu t'arrêter, méchant Friquet! Si tu t'avises de leur casser les jambes!... Bon, la voilà qui s'élance à terre, et qui se sauve dans le verger!... Attends! attends! si je l'attrape!... (Il sort en courant, par le côté, pendant que Rose entre par le fond, tenant encore à la main la branche de saule qui lui servait à exciter les mules.)

SCÈNE VI.

ROSE, seule.

RÉCIT.

Maître Thibaut, vos mules sont charmantes ;
Je vous les rends, ne vous désolez pas.
Ensemble à vos dépends, rapides, frémissantes,
Nous avons, ce matin, pris nos joyeux ébats.

AIR.

Hup! hup! mule chérie,
   Emporte-moi
Légère comme toi ;
Hup! hup! dans la prairie
   Ah! quel plaisir,
Quel bonheur de courir!

Sur ta croupe d'ébène,
   Et, comme l'éclair,
   J'aime à fendre l'air.
Plus fière qu'une reine,
   Et d'un beau jour
   Saluant le retour,

Hup! hup! chère petite
   Presse le pas
Cours, ne t'arrête pas :
Hup! hup! conduis-moi vite
   Vers les grands bois
Que là-bas j'aperçois.

Près d'eux que ta course s'arrête :
C'est-là, sous cette ombre discrète
   Que le soir je répète
   Le nom cher à mon cœur.
   O retraite discrète,
Garde bien mon rêve de bonheur !
   Hup! hup! mule chérie,
      Emporte-moi
   Légère comme toi.
Hup! hup! dans la prairie
   Ah! quel plaisir,
Quel bonheur de courir !

A chacun au hasard
Le destin fit sa part ;
Riches, gardez votre or,
N'ai-je pas mon trésor ?
N'ai-je pas l'humble champ
Où je vis en chantant?
Au galop va toujours
O mule mes amours !
Fais sonner tes grelots;
Mol, je dis aux échos :

Hup! hup! j'ai pour richesse,
   La liberté,
L'air pur et la gaité :
Hup! hup! j'ai ma jeunesse
   J'ai l'avenir,
Et Dieu pour le bénir.

SCÈNE VII.

ROSE, SYLVAIN.

SYLVAIN, à la cantonade

Oh! ne craignez rien, not' maître, elles ne s'échapperont plus. (Venant à Rose.) Je te cherchais, Rose, pour te remercier de la peine que tu as prise de me ramener mes bêtes; et, quoique tu eusses pu le faire d'une manière plus convenable à une jeune fille, je te donne dès à présent l'assurance que tu n'auras pas obligé un ingrat.

ROSE.

Oui-da!... monsieur Sylvain, à qui, pour sa négligence, maître Thibaut allait peut-être donner son compte, monsieur Sylvain voudra bien se rappeler que ce méchant Friquet lui a rendu service!... Me voilà fière au moins de cette promesse, et je vas acheter des terres là-dessus. (Elle s'assied et se met à tricoter.)

SYLVAIN.

Tu dis ça comme s'il n'y avait aucun compte à faire sur ma parole, Rose; mais je n'en ai qu'une et je n'oublie jamais les personnes qui m'ont obligé.

ROSE.

Et qu'est-ce que tu leur donnes?

SYLVAIN.

Dame!... dis toi-même. La première fois qu'un colporteur passera par ici, tu choisiras dans ses mouchoirs de cou ou ses cornettes ce qui pourra te convenir.

ROSE.

Un mouchoir pour t'avoir ramené tes mules? c'est trop peu!

SYLVAIN.

Si tu tiens à ce que je te paye ton service ce qu'il vaut, je te donnerai l'argent que j'aurais laissé à mon maître.

ROSE.

De l'argent pour te les avoir enlevées? c'est trop.

SYLVAIN.

Que veux-tu dire?

ROSE, riant.

Oh! il ne comprend pas encore!... Et en ne retrouvant plus ses mules, il ne s'est pas douté que le Friquet avait eu envie de monter dessus et de faire un tour au galop dans la montagne?

SYLVAIN.

Toi, Rose?

ROSE, elle se lève en riant.

Ah! ah! le grand sot, qui met deux heures pour trouver ça !

SYLVAIN.

C'est toi qui me les as dérobées?

ROSE.

Tiens! je m'en serais gênée?

SYLVAIN.

Toi!!... Tu ne t'es pas inquiétée des soucis que tu allais me causer?

ROSE.

Pardine! te voilà bien malade!

SYLVAIN.

Des reproches auxquels tu m'exposais?

ROSE.

Ah! ah! ah!

SYLVAIN.

De la peine enfin où tu allais me mettre?... ou, si tu y as songé, ça a été pour en rire, comme tu le fais en ce moment, pendant que j'allais et venais sur toutes les routes, comme un fou, comme un désespéré, maudissant mon sort, m'arrachant les cheveux!... Tiens! Rose, je ne dis pas que tu n'aies le cœur sensible pour certaines choses, puisqu'il paraît que tu pleures quand on te dit du mal de ta défunte mère, mais en fait de bonnes actions et de charité, il n'y a rien à attendre de toi (Fausse sortie.)

ROSE.

Oh! le pauvre garçon, qui ne trouve que ça à dire à qui l'a fait chercher pendant tout un jour !

SYLVAIN, revenant avec colère.

Eh bien! si. J'aurais encore autre chose à dire si je voulais ; mais cette chose-là suffirait pour justifier la mauvaise opinion que l'on a de toi... celle-là rend ton action indigne et tes moqueries odieuses. (Écartant ses cheveux.) Tiens! voilà la marque de la pierre que j'ai reçue pour te l'éviter. Je ne t'en dis pas plus long, Rose Friquet; et si tu avais du cœur, je n'aurais pas eu besoin de te le rappeler.

ROSE, après avoir essuyé une larme, reprenant son ton résolu.

Et sur quoi penses-tu que je l'aie oublié?

SYLVAIN.

Sur ce qu'on ne cherche pas à chagriner ceux à qui l'on garde un bon souvenir.

ROSE.

C'est vrai : il vaut mieux les laisser se mettre dans l'embarras tout à leur aise, et ne point se soucier d'eux. Oh! c'est un bien meilleur moyen de leur prouver que l'on a du cœur !... (Changeant le too.) Après tout, v'là bien du bruit pour une fantaisie que j'ai eue d'emmener ces mules. J'aurais mieux fait d'attendre que M. le bailly de Luz, qui venait derrière toi, les retrouvât à leur place, comme hier, comme tous les jours, et que, remarquant ces animaux, toujours seuls, sur la route, la fantaisie lui vint de savoir pourquoi on les laissait là, et de suivre le petit sentier qui grimpe entre les roches. Peut-être qu'en le voyant aboutir aux grottes de Saint-Gratien...

SYLVAIN, effrayé.

Plus bas!

ROSE.

Il aurait été bien aise de savoir pourquoi monsieur Sylvain se promène par là toutes les fois qu'il en a l'occasion... Et comme les personnes de son état sont très-curieuses... et qu'il y a, dit-on, des fugitifs cachés dans la montagne...

SYLVAIN.

Plus bas!... je t'en prie!...

ROSE.

Oh! ça eût bien mieux valu comme ça! et si j'avais laissé aller les choses, monsieur Sylvain compterait sur ma reconnaissance.

SYLVAIN.

Rose! je ne sais si l'on peut se fier à toi qui est si maligne et si moqueuse, mais s'il est vrai que tu m'aies conservé un bon souvenir pour t'avoir défendue, oh! garde-moi le secret!... ne parle pas!

ROMANCE.

PREMIER COUPLET.

Ne parle pas, Rose, je t'en supplie,
Car me trahir serait un grand péché!
Nul ne connaît le serment qui me lie
Ni le secret en mon âme caché.
Mais quand l'hiver brisant le nid fragile
Chasse l'oiseau vers de lointains climats,
Si ton cœur pense au malheur qui s'exile
Ne parle pas, Rose, ne parle pas!

DEUXIÈME COUPLET.

Dieu nous a dit : dans ton humble demeure
Garde une place au pauvre, à l'orphelin :
Donne au vieillard, à la veuve qui pleure
Avec amour la moitié de ton pain!
Si tu l'as fait, si, quand la cloche tinte,
A l'angélus ta voix répond tout bas;
Et si tu crois à la parole sainte,
Ne parle pas, Rose, ne parle pas!

SCÈNE VIII.

LES MÊMES, THIBAUT, sortant de chez lui avec des assiettes, etc., puis GEORGETTE.

THIBAUT, posant son panier sur une table qu'il place à droite.

Voilà son dîner... ou plutôt le mien! Enfin, n'importe! pourvu qu'il s'en aille. (A Sylvain.) Prête-moi un coup de main, garçon. (Voyant Rose.) Comment! te voilà encore ici, toi?

ROSE, ironiquement.

Tiens! il fallait bien vous donner le temps de me dire bonjour.

THIBAUT.

Et merci avec, peut-être, pour m'avoir fourbu mes deux mules. Retourne-t'en bien vite et sur tes jambes, cette fois. C'est encore moins ta place ici aujourd'hui que les autres jours.

ROSE.

A cause?

THIBAUT.

A cause des dragons.

ROSE.

Bah! les soldats ne me font pas peur, à moi.

THIBAUT, d'un ton goguenard.

Tu viens peut-être leur proposer un billet de logement?

ROSE, de même.

Je craindrais qu'ils ne soient pas si bien reçus chez nous que chez vous, monsieur Thibaut.

THIBAUT.

Moi, je les flanque à la porte.

ROSE.

Ça prouve que vous ne faites pas bon ménage et que vous n'avez pas consulté votre femme.

THIBAUT, avec colère.

Veux-tu partir? J'ai dit à ce brigadier qu'il n'y avait pas une fille à deux lieues à la ronde.

ROSE.

C'est bon : on s'en va. (riant.) Ça fait moins de peine de se quitter quand on s'est dit quelques mots d'amitié, pas vrai?

THIBAUT.

Veux-tu partir, méchante peste! (Rose remonte comme pour sortir, et elle s'arrête en voyant Thibaut aller au colombier.)

THIBAUT, entr'ouvrant la porte.

Georgette!.. c'est moi!..

GEORGETTE, voulant sortir.

Ah! on peut sortir, enfin.

THIBAUT, la repoussant.

Mais non, pas encore... mais rentrez... rentrez donc. (Fermant la porte et parlant à travers la serrure.) Ils vont partir dans un instant pour les grottes de Saint-Gratien.

SYLVAIN, à part, laissant tomber ce qu'il tient à la main.

Miséricorde!

THIBAUT, se retournant.

Qu'est-ce qu'il y a?

ROSE, vivement.

Rien! C'est moi qui lui ai fait une niche.

THIBAUT.

Toi! encore sur mes talons! Qu'est-ce que tu fais là?

ROSE.

Je regarde.

THIBAUT.

C'est-à-dire que tu m'espionnes!

ROSE.

Vous avez donc des secrets?

THIBAUT, courant après elle.

Attends, je vais t'apprendre à te mêler de mes affaires!

ROSE, riant, tout en l'évitant.

Fi!... le vieux avare qui cache son bien!...

THIBAUT.

Veux-tu t'en aller!

ROSE.

Le vilain jaloux qui renferme sa femme!...

THIBAUT, saisissant un bâton.

Veux-tu t'en aller, méchant Friquet. (Rose se sauve, il la poursuit jusqu'au fond sans pouvoir l'atteindre.)

BELAMY, dans la coulisse.

Eh bien!... paysan!...

THIBAUT.

Ouf!... voilà l'autre...

SYLVAIN, à part, et atterré.

Aux grottes de Saint-Gratien! Impossible de les avertir à temps!

SCÈNE IX.

THIBAUT, SYLVAIN, BELAMY.

THIBAUT, apercevant Belamy qui sort gravement de la maison. — Haut.

Présent, mon général. Tout est prêt : le dîner, vos hommes, et quant à moi...

BELAMY, qui a amené Thibaut sur l'avant-scène, lui mettant sous les yeux une cornette qu'il avait tenue cachée derrière lui.

Dites-donc... c'est votre bonnet de nuit ça?

THIBAUT, à part.

Une cornette à ma femme!... c'est pour m'achever. (Toussant.) Hem! hem! (A Sylvain.) Y a-t-il du vin? as-tu mis du vin?

BELAMY.

Faites-moi l'amitié de m'expliquer...

THIBAUT.

Il n'y a pas de doute! (A Sylvain.) Réponds-moi donc, toi.

SYLVAIN.

Mais, not' maître...

THIBAUT.

Il faut du vin sur la table!

SYLVAIN.

Mais il y en a, not' maître!

THIBAUT.

C'est ça, tu l'as oublié? Eh bien! va-t'en à la cave... J'y vais aussi.

BELAMY, le retenant.

Dites donc, dites donc, villageois!...

THIBAUT, se dégageant.

Ne vous dérangez pas. (A Sylvain.) Veux-tu courir? (A Belamy.) Ne vous dérangez pas! (A part.) Me v'là bien! (Il sort précipitamment.)

SCÈNE X.

BELAMY, à la cantonade.

Écoutez donc un peu! (Revenant en scène.) Le rusé coquin ne veut pas d'explication; mais je le rattraperai!.. (Rose reparaît.) Et il faudra bien qu'il finisse par me répondre.

ROSE, faisant mine d'apprêter le couvert.

D'abord il n'y a rien de si malhonnête que de ne pas répondre quand on vous questionne.

BELAMY, se retournant.

D'où diable sort-elle, celle-là?

ROSE, à part.

Si je pouvais les retenir ici jusqu'à demain!

BELAMY.

Tiens!... c'est la petite que nous avons rencontrée ce matin et qui nous a suivis pendant toute l'étape. Qu'as-tu fait de ta chèvre?

ROSE.

Elle m'attend là-haut, à la Roche-Noire. C'est moi qui vous répondrais bien, si vous aviez quelque chose à me demander.

BELAMY.

Malheureusement pour ce que je veux apprendre tu ne peux pas me servir.

ROSE.

Comme ça tombe mal! moi qui ai toujours envie de causer! Mais, au moins, je peux vous servir à table?

BELAMY.

Pour ça, tant que tu voudras. Je meurs de soif et de faim. (Allant se mettre à table.) Elle n'est pas farouche du tout, cette petite-là.

DUO.

Allons, ma chère
Verse, voici mon verre;
La route m'altère;
Verse donc, verse plein!
Le paysan m'aura, j'espère,
Fait honneur de son meilleur vin.

ROSE, pendant qu'il boit.
Le paysan est plein de ruse;
Bien souvent il rit, il s'amuse
Aux dépens du pauvre prochain!

BELAMY, jetant son vin.
Ah!.. pouah! ce vin est détestable;
C'est une piquette exécrable.

ROSE, avec malice.
Ah! si j'étais dragon du roi
On ne se rirait pas de moi!

BELAMY, se levant.
Le paysan a-t'il quelque cachette?
Quelque vieille cave secrète?

ROSE.
Je n'en sais rien;
Mais cherchez bien!

BELAMY.
Où donc?

ROSE.
Je ne dois pas le dire.

BELAMY.
Mais un regard pourrait m'instruire.
A gauche? à droite? est-ce par là?..
Par ici? m'y voilà!
(Il aperçoit la porte d'un petit caveau, il donne un coup de pied dedans, entre et ressort aussitôt avec deux vieilles bouteilles qu'il montre d'un air triomphant.)

ENSEMBLE.

ROSE.
Voyez le vieux malin
Qui donnait sa piquette
Et gardait le bon vin
Enfoui dans sa cachette!
J'en ris de bon cœur!
La belle capture!
Maître Thibaut, j'en suis sûre
Va crier au voleur.

BELAMY.
Oui, de ce vieux malin
J'ai saisi la cachette!
Il donnait la piquette
Et pour lui gardait le bon vin.
Bravo! le tour te fait honneur;
Ah! ah! ah! J'en ris de bon cœur!

ROSE, faisant sauter le bouchon d'une des bouteilles.
Allons, dragon, à votre bon voyage!

BELAMY.
Trinquons à mon heureux voyage!

ROSE.
Bientôt, je crois, vos soldats seront prêts.

BELAMY.
Quel malheur de plier bagage!
Je crois qu'ici je me plairais!
Et pourtant, franchement,
Ici le vin à part, où serait l'agrément?
(Tendant son verre à Rose.)
Allons, ma chère,
Allons, un dernier verre!
Je veux gaîment me remettre en chemin.
Les paysans de ce village
Ont, par ma foi, d'excellent vin;
Mais ils sont voués au veuvage
Mauvais pays pour le butin!

ROSE, jouant avec la cornette que Belamy a laissée sur la table.
Le paysan est plein de ruse

Bien souvent il rit, il s'amuse
Aux dépens du pauvre prochain!

BELAMY, prenant le bonnet.
Au fait! cette blanche cornette
Pour notre sexe n'est pas faite!

ROSE.
Ah! si j'étais dragon du roi
On ne se rirait pas de moi!

BELAMY.
Ce bonnet doit, la chose est claire,
Avoir une propriétaire.

ROSE.
Je n'en sais rien;
Mais cherchez bien!

BELAMY.
Où donc?

ROSE.
Je ne dois pas le dire.

BELAMY.
Mais un regard pourrait m'instruire.
A gauche? à droite?.. Est-ce par là?
Par ici!.. m'y voilà!
(Il aperçoit le pigeonnier, regarde par la serrure et s'écrie : Une femme!)

ENSEMBLE.

ROSE.
Voyez le vieux malin!
Encore une cachette!
Sous clé comme son vin
Il gardait la pauvrette!
J'en ris de bon cœur :
La belle capture!
Maître Thibaut, j'en suis sûre,
Va crier au voleur!

BELAMY.
C'est comme le bon vin,
Il gardait la fillette!
La victoire est complète
A nous les femmes et le vin!
(A Rose.)
Bravo! le tour te fait honneur!
Ah! ah! ah! j'en ris de bon cœur!

BELAMY.
Partir si tôt serait vraiment dommage!

ROSE, à part.
Le vin lui plaît ainsi que la maison.

BELAMY.
Pour nous la bonne garnison!
Au diable! au diable le voyage!
(Prenant Rose par la main.)
Ah! parmi les dragons du roi
Tu pourrais servir je le voi!
(Pendant la ritournelle qui termine le duo, Belamy court ouvrir le colombier. Georgette, en l'apercevant de l'intérieur, pousse un cri et s'élance en scène.)

SCÈNE XI.

GEORGETTE, ROSE, BELAMY.

GEORGETTE.
Au secours!... au secours!...

BELAMY.
N'ayez pas peur.

ROSE, à part.
Je crois que je ferai bien d'aller chercher le mari. (Elle sort en courant.)

SCÈNE XII.

GEORGETTE, BELAMY.

BELAMY.
N'ayez pas peur, ma belle enfant. Je ne suis point ici pour me montrer inconvenant vis-à-vis de vos charmes. La discipline et l'éducation me feraient plutôt un devoir de vous protéger contre quiconque... y compris votre mari, s'il est vrai que vous ne l'aimiez pas.

GEORGETTE.
Mais au contraire, monsieur le soldat, je l'aime beaucoup.

BELAMY.
Votre mari? Ce n'est donc point celui dont j'ai emprunté la demeure?

GEORGETTE.
C'est Thibaut, le fermier. Voilà notre maison.

BELAMY.
Ah! c'est lui! vous me surprenez. Et il se nomme Thibaut? vilain nom. Le mien est Belamy : mon grade, maréchal des logis; mon régiment, dragons; mon colonel, de Villars! Ce que j'en dis n'est point pour vous fasciner, mais simplement pour

lier connaissance. Et, à ce que je présume, c'est votre mari qui a eu l'enfantillage de vous enfermer là-dedans.

GEORGETTE.

Oui, monsieur le soldat; afin qu'on ne me trouvât pas.

BELAMY.

Ça lui a réussi!

GEORGETTE.

Vous comprenez? des militaires! c'est aimable à ce qu'on dit.

BELAMY, modestement.

C'est bien élevé, voilà tout!

GEORGETTE.

Et mon mari est d'une jalousie! Je ne sais pas à quel propos...

BELAMY, lui prenant la main.

Ni moi non plus; c'est d'un ridicule!

GEORGETTE, se dégageant.

D'autant plus qu'il n'a rien à craindre.

BELAMY, lui prenant la taille.

Mais rien du tout.

GEORGETTE, se dégageant.

Pas plus lui que les autres, puisque l'ermite est là qui veille pour eux.

BELAMY.

Ah! il y a un ermite de faction pour ces sortes de choses?

GEORGETTE.

L'ermite de Saint-Gratien. Vous n'avez jamais entendu parler de lui?

BELAMY.

Il n'est pas connu au régiment.

GEORGETTE.

C'est la terreur de toutes les femmes du village.

BELAMY.

Ah! un bavard?

GEORGETTE.

Qui les détestait... cherchait à leur nuire de son vivant...

BELAMY.

Tiens! il est mort?

GEORGETTE.

Depuis deux cents ans, pour le moins... ce qui ne l'empêche pas de revenir toutes les fois qu'il peut leur jouer quelque malin tour.

BELAMY.

En vérité? mais ce gaillard-là n'a donc rien à faire dans l'autre monde!

GEORGETTE.

PREMIER COUPLET.

Grâce à cet ermite,
A sa cloche maudite,
Il n'est dans le pays
Il n'est d'heureux que les maris.
Quand ailleurs ils sont tous
Inquiets et jaloux
Les nôtres sont ici
Libres de tout souci ;
Car un ami fidèle
Pour eux fait sentinelle
Malin comme un renard.
Et s'il voit, par hasard,
S'échanger un regard,
Din... din... din... din!... il sonne,
Il carillonne
En son clocheton délabré,
Comme si le diable en personne
Y fût entré!

DEUXIÈME COUPLET.

On n'ose plus rire.
A peine ose-t-on dire
En sortant le matin
Un petit bonjour au voisin.
Si quelque beau garçon
Exige une rançon,
Qu'il faille pour passer
Se laisser embrasser;
Si votre colerette
Est tant soit peu défaite,
(Ça se voit quelquefois)
Ou si, le soir, au bois
Vous allez moins de trois...
Din... din .. din... din!... il sonne,
Il carillonne
En son clocheton délabré,
Comme si le diable en personne
Y fût entré!

BELAMY.

Mais c'est un scandale! et les maris de l'endroit se fient là-dessus?

GEORGETTE.

Nécessairement. Je vous demande dès lors, à quoi sert de m'avoir enfermée dans ce colombier et d'avoir caché les autres dans le presbytère?

BELAMY.

Ah! elles sont dans le presbytère?... C'est-à-dire que c'est d'un bête!...

GEORGETTE.

N'est-ce pas?

BELAMY, comme inspiré.

Il faut que vous me conduisiez à cet ermitage.

GEORGETTE.

Volontiers.

BELAMY.

Dès ce soir.

GEORGETTE.

Certainement.

BELAMY.

Je tiens à y aller... avec vous... sans rien dire à personne... histoire de m'assurer...

GEORGETTE.

Et de quoi donc?

BELAMY.

C'est une expérience que je veux faire. (A part.) Nous verrons s'il sonnera par exemple! (On entend la voix de Thibaut dans la coulisse.)

GEORGETTE.

Du monde! (Elle se sauve dans le colombier.)

SCÈNE XIII.

BELAMY, ROSE, THIBAUT, SYLVAIN, DRAGONS, puis GEORGETTE, PAYSANNES, puis enfin DES PAYSANS.

FINAL.

CHŒUR DES DRAGONS.
Le boute-selle
Nous appelle.
A ce signal
Vite à cheval!

THIBAUT, à Belamy.
Ma mule est prête
Et sur ma bête
A votre tête
Je vais trotter, guide loyal!

LES DRAGONS.
Allons
Partons,
Le boute-selle
Nous appelle.
A ce signal
Vite à cheval!

BELAMY, à ses soldats.
Arrêtez! sur ce pays
J'ai bien changé d'avis!
C'est un vrai paradis.
Le vin
En est divin,
C'est un vrai vin d'altesse!
Les habitants
Charmants
Et pleins de politesse.
Cédons à leurs vœux ;
Un jour, au moins, restons près d'eux!

LES DRAGONS, posant leurs armes.
Bonnes gens jusqu'à demain,
Puisque vous aimez les braves,
Nous resterons et dans vos caves
Nous ferons la guerre au vin!

SYLVAIN ET THIBAUT, tous deux à part.
Ah! que viens-je d'entendre
Et qui pouvait attendre
Un changement aussi soudain!

ENSEMBLE.

ROSE, à part.
Le plaisir ici les enchaîne,
Ils ne pensent plus à partir :
Pour toi, Sylvain, plus de peine.
A l'espoir ton cœur peut s'ouvrir.

SYLVAIN, à part.
Je sens l'espoir me revenir.
Je puis à peine
Ici me contenir.
A moi l'espoir vient s'offrir!

BELAMY ET LES DRAGONS.
Restons, amis : pourquoi partir?
L'heureuse aubaine!
Sachons la saisir,
Et courons au plaisir!

THIBAUT, à part.
Je sens d'effroi mon cœur frémir.
Je puis à peine,
Hélas, me contenir !
Je sens l'effroi me saisir.

(Après l'ensemble, Belamy prend deux dragons à part et leur parle à l'oreille.)

THIBAUT, l'observant.
Que leur dit-il secrètement ?

BELAMY, aux dragons.
Allez et vivement !

(Les deux dragons sortent avec quelques-uns de leurs camarades auxquels ils font signe de les suivre.)

BELAMY, à Thibaut.
De vous, mon cher, je prends pitié ;
Je veux finir votre veuvage.

THIBAUT, à part.
Ah ! je crains quelque orage.

BELAMY, allant au colombier.
Et par pure amitié...
Je vous rends à votre moitié !

THIBAUT.
Ah ! quel carnage !
Ils ont trouvé la cage.

(Toutes les paysannes rentrent poursuivies par les dragons. — Georgette sort du colombier amenée par Belamy.)

LES PAYSANNES, tremblantes.
Ah ! messeigneurs...
Voyez nos pleurs !

GEORGETTE.
Grâce pour nous
Et grâce aussi pour nos époux !

BELAMY.
Rassurez-vous, mes tourterelles.
Ne fuyez plus, fermez vos ailes !
Que voulons-nous ?
Danser avec vous.
Et trinquer avec vos époux !

ROSE, s'avançant hardiment.
Au village, une fête !

GEORGETTE ET LES PAYSANNES, rassurées.
Au village... une fête !

ROSE.
A sauter qu'on s'apprête.

GEORGETTE ET LES PAYSANNES.
Ils sont charmants,
Très-gentils, très-galants !

REPRISE DE L'ENSEMBLE.

ROSE.
Le plaisir ici les enchaîne
Ils ne pensent plus à partir !
Pour toi, Sylvain, plus de peine.
A l'espoir ton cœur peut s'ouvrir !

GEORGETTE ET LES PAYSANNES.
Ah ! notre frayeur était vaine
Ils n'ont rien pour faire frémir.
Livrons-nous, quelle aubaine !
A la danse ainsi qu'au plaisir.

SYLVAIN.
Je sens l'espoir me revenir.
Je puis à peine
Ici me contenir.
A moi l'espoir vient s'offrir.

THIBAUT, à part.
Je sens d'effroi mon cœur frémir.
Je puis à peine
Hélas me contenir.
Je sens l'effroi me saisir.

BELAMY et LES DRAGONS.
Restons, amis. Pourquoi partir ?
La bonne aubaine !
Sachons la saisir :
Amis, courons au plaisir.

(Après l'ensemble, Thibaut veut emmener sa femme. — Belamy les sépare.)

ROSE, gaiement.
Allons, en place !
En place pour danser.

BELAMY, à Thibaut.
Vous, mon brave, avec grâce
Votre emploi sera de verser !
(Il lui donne une bouteille.)

RONDE MILITAIRE.

ROSE.
PREMIER COUPLET.
Pour charmer une fillette

Faut-il un air de musette ?
Faut-il un air de musette
Pour plaire à jeune tendron ?

LES DRAGONS.
Non ! non ! non !

BELAMY.
Il faut un air de trompette
De trompette ou de clairon.

LES DRAGONS.
Bon ! bon ! bon !...

BELAMY.
Sonne, sonne toujours,
Trompette
Coquette,
Pour la guerre et les amours.

LES DRAGONS.
Couvre le bruit de nos canons
Et les soupirs de nos tendrons.

TOUS.
Sonne, sonne toujours,
Trompette
Coquette,
Sonne toujours
Pour la guerre et pour les amours !...

(Sur la ritournelle les dragons dansent avec les paysannes et avec Rose ; puis on prend des verres et on force Thibaut de verser à boire.)

ROSE, bas à Sylvain en le tirant à l'écart. — Parlé.
Pendant que l'on danse ici et que personne n'a les yeux sur toi, profite des instants !...

SYLVAIN, de même.
Que dis-tu ?...

ROSE.
Je dis que tes gens ont la nuit pour fuir, et que tu peux les aller rejoindre aux grottes de Saint-Gratien... Silence !...

BELAMY, bas à Georgette.
Ce soir à l'ermitage !...

THIBAUT.
Ah ! les brigands ! les scélérats !...
L s femmes et le vin, ils n'en laisseront pas !

ROSE.

DEUXIÈME COUPLET.

Pour rendre un jaloux traitable
Faut-il un air lamentable ?
Faut-il un air lamentable
Pour le mettre à la raison ?

LES DRAGONS.
Non, non ! non !

BELAMY.
Il faut lui chanter le diable
Le diable et son escadron !

LES DRAGONS.
Bon ! bon ! bon !...

BELAMY.
onne, sonne toujours ;
Trompette
Coquette,
Sonne toujours
Pour la guerre et pour les amours !...

LES DRAGONS.
Couvre le bruit de nos canons
Et les soupirs de nos tendrons !

BELAMY ET TOUT LE MONDE.
Sonne, sonne toujours,
Trompette
Coquette,
Sonne toujours
Pour la guerre et pour les amours.

(On danse sur la ritournelle comme après le premier couplet. — Sylvain gagne le fond en regardant Rose qui danse sans paraître s'occuper de lui. — Thibaut enrage.)

CHŒUR GÉNÉRAL.

Chantons, buvons jusqu'à demain.
Chantons l'amour et le vin.

(Les paysans paraissent au fond revenant du travail et s'arrêtent stupéfaits à la vue de leurs femmes qui dansent avec les dragons.)

ACTE DEUXIÈME.

Les ruines de l'ermitage de Saint-Gratien, dont le clocheton seul est
à peu près intact. Site escarpé et sauvage, rochers, bois de pins,
défilés sombres et étroits. Cimes élevées au fond. Le soleil vient de
disparaître derrière les glaciers.

SCÈNE PREMIÈRE.

SYLVAIN, seul.

(Au lever du rideau, et pendant les dernières mesures de l'entr'acte, la scène
est vide. Puis on entend la ritournelle du premier couplet, chanté par Sylvain, qui paraît gravir un sentier au fond. Il marche et chante une partie du
couplet.)

VILANELLE.

PREMIER COUPLET.

Ah! qu'il est donc beau
Le temps où l'oiseau chante
Caché dans l'ormeau,
Sous la feuille naissante!
Le temps des buissons parés,
Des fleurs émaillant les prés
Où l'eau serpente!
Ah! ah!
Ce beau temps-là
Bientôt viendra.
Tra li la lau! la! ah!..
(Après un temps.)
De ces lieux ma voix seule a troublé le silence.
Proscrits, c'est l'espérance
Qui pénètre avec elle au fond de vos rochers.
Dieu va finir votre longue souffrance;
Plus de prisons, plus de bûchers!
Comprenez-moi, priez tous à genoux,
Je veille ici pour vous!

DEUXIÈME COUPLET.

Ah! qu'il est donc beau,
Le temps où ma bergère
Mène son troupeau
Dormir sur la bruyère!
Le temps où je vois ses yeux,
Doux comme l'azur des cieux,
Me dire : Espère!
Ah!..
ROSE, dans la montagne continuant l'air.
Ah!
Ce beau temps-là
Bientôt viendra.
Tra li la lau! la! ah!..
SYLVAIN.
La voix de Rose!
(Rose paraît tout à coup sur la montagne et descend en scène.)
ROSE ET SYLVAIN.
Ah! ah!
Ce beau temps-là
Bientôt viendra.
Tra li la lau! la! ah!

SCÈNE II.

ROSE, SYLVAIN.

SYLVAIN.
Toi ici, Rose, tu m'as suivi?

ROSE.
Tiens! est-ce que je ne suis pas libre de quitter la danse aussi
bien que toi?

SYLVAIN.
Sans doute; et ce que j'en dis n'est point pour me plaindre
de ta présence. Je serais bien ingrat si j'oubliais que sans ton
adresse, les dragons seraient aux grottes de Saint-Gratien, à deux
pas de cet ermitage.

ROSE.
Et qui te dit que ce soit moi qui les ait retenus?

SYLVAIN.
Mais la façon dont les choses se sont passées si à propos, les
paroles que tu m'as glissées tout bas au moment de la danse.
C'est ta manière, je le sais, de paraître toujours ignorer ce que
tu fais de bon et de bien, ou même de le cacher sous un air de
moquerie qui t'amuse; mais si j'ai pu, comme les autres, me
tromper à ce masque et ne pas voir tout de suite ton cœur à

travers ton visage, je me le reproche assez pour qu'il ne te soit
plus possible de me donner le change à présent. Tiens, Rose, il
n'est pas aisé de te dérober un secret ; mais c'est une bénédic-
tion que tu le devines, puisque tu ne t'en sers que pour rendre
service.

ROSE.
Si j'avais de quoi payer le magister, je lui ferais transcrire
ces paroles-là en grosses lettres sur une pancarte, et je la plan-
terais au beau milieu du village, au bout d'une perche, pour
que ça se lise de loin.

SYLVAIN.
Tu ris? Pourtant ce que je dis est la vérité, et, si tu es ici, si
tu m'as suivi à l'ermitage, c'est qu'un nouveau danger me menace, c'est que tu peux encore m'être utile.

ROSE, riant.
Vous verrez à présent qu'il va me prendre pour son ange
gardien.

SYLVAIN.
Pour ma providence, car tu ne sais pas ce que je te dois.
Écoute, Rose : j'étais bien jeune lorsque je restai orphelin. Un
vieux pasteur, qui me trouva pleurant sur la route, me dit :
« Tu n'as plus de père, viens avec moi ; la charité est de toutes
les églises, tu seras mon fils. » Bientôt après, la guerre l'obligea
de fuir. Je restai seul une fois encore, et, de désespoir, je quit-
tai le pays où j'avais perdu tous ceux que j'aimais. Je vins ici :
j'y trouvai de l'ouvrage, et il semble que Dieu m'y ait conduit
pour payer ma dette de reconnaissance.

ROSE.
Ah! c'est un chemin qu'il montre à bien des gens qui ne veu-
lent pas y passer. Ensuite?

SYLVAIN.
Depuis quelques jours il y a ici près, cachés dans les rochers,
des hommes dont la tête est mise à prix, des femmes, des enfants, des familles entières épuisées de souffrances, couchant sur
la dure. Deux cents pistoles sont promises à qui les livrera.

ROSE, avec émotion.
Oui, je le sais! Après?...

SYLVAIN.
Secourir ces pauvres gens, les aider dans leur fuite, c'est ex-
poser sa liberté, sa vie, et je risquerais volontiers pour eux l'une
et l'autre ; mais il est une existence dont je ne puis faire aussi
bon marché que de la mienne. Celle-là il faut que je la conserve
à tout prix. Rose, mon bienfaiteur est là, caché parmi les autres et proscrit comme eux.

ROSE.
Oh! mon Dieu!... Mon cœur se serre en pensant au mal
qu'aurait pu causer une parole de moi. (vivement.) Mais je n'ai
rien dit, Sylvain!

SYLVAIN.
Aussi je te devrai sa vie. (baissant la voix.) Tous sont prêts.
Dans une heure, quand la nuit sera sombre, eux et moi nous
descendrons sans bruit par le chemin qui tourne autour de la
montagne.

ROSE.
Le chemin est gardé! je venais te le dire.
SYLVAIN.
Mon Dieu!.. Il nous reste celui des deux roches.
ROSE.
Gardé aussi.
SYLVAIN.
Celui qui mène au bourg de Palène?
ROSE.
Palène est occupé par les troupes.
SYLVAIN.
Oh! ! que faire, alors?... que faire?...
ROSE.
Il y a dans la montagne un sentier que personne ne connaît,
car personne n'y a jamais passé, personne que ma chèvre et
moi. En quatre heures il conduit à la frontière. L'ombre des-
cend, les dragons dansent; dans une heure je serai ici, compte
sur moi.

SYLVAIN, avec élan.
Ah! je savais bien que si tu m'avais suivi, c'était pour me
sauver encore une fois.

ROSE.
Maintenant que c'est dit, au revoir!
SYLVAIN.
Tu me quittes?

ROSE, riant.
Tiens! je n'ai pas envie qu'on s'aperçoive de notre absence

tous deux, et que là-dessus les bonnes langues du village se dépêchent de mettre en pièces le peu de bonne renommée qui me reste.

SYLVAIN, la retenant.

Oui, on ne te connaît pas, Rose, on ne sait pas ce que tu vaux. Et c'est ce qui me désespère qu'on ne te rende pas justice, et que, toi-même, tu paraisses t'embarrasser si rarement qu'elle te soit rendue. La considération, Rose, c'est la richesse d'une jeune fille.

ROSE, avec émotion.

C'est vrai, Sylvain; j'ai mérité que vous m'en fissiez souvenir. Mais quand on me parle de bonne amitié, je sais reconnaître mes torts, et je me corrigerai, je vous le promets.

SYLVAIN.

Oh! cela te sera si facile! comme aussi de t'attifer avec plus de soin. Il faut te bien regarder, Rose, pour s'apercevoir que tu es jolie.

ROSE.

Moi? Oh! vous vous moquez, monsieur Sylvain.

DUO.

ROSE.

Moi! jolie!

SYLVAIN.

Quoi de surprenant à cela?

ROSE.

Quelle folie!
On ne m'avait jamais dit ça.

SYLVAIN.

Eh bien! en te voyant,
Moi, je me l'étais dit souvent,
     Je me disais,
         Quand tu passais :
Rose a les yeux, le front d'un ange!
Il règne en elle un charme étrange.
     Je le disais,
         Quand tu passais.

ROSE, à elle-même et très-émue.

     Tant de bonheur
     Ravit mon cœur!
A moi quelqu'un pensait sur terre!
Il me le dit, il est sincère!..
     Tant de bonheur
     Ravit mon cœur !
         Moi, jolie!

SYLVAIN.

Quoi de surprenant à cela ?

ENSEMBLE.

SYLVAIN.
     Quoi ! de ta vie
On ne t'avait jamais dit ça?
     Jamais ? jamais ?
ROSE.
     Quelle folie !
     Non, de ma vie,
On ne m'avait jamais dit ça!
     Jamais! jamais!
ROSE.
Eh bien! Sylvain, je veux aussi te dire
Ce que de toi j'avais pensé souvent.
     Je me disais,
         Quand tu passais :
Voici l'ami, le seul que je désire.
         Vers lui mon cœur m'attire.
SYLVAIN.
     Tu le disais?
ROSE.
     Quand tu passais !
SYLVAIN.
A moi, Rose, tu pensais!
ROSE.
Dans ma pauvre chaumière.
SYLVAIN.
Et parfois tu te disais....
ROSE.
De lui je serais fière.
     (Avec tristesse.)
Mais personne ici ne voudrait
Être l'ami de Rose.
Personne, hélas ! ne l'oserait!
SYLVAIN, avec entraînement.
Ah ! cet ami, je le serai, je l'ose!

ROSE.
Toi, mon ami? Tu le serais? Sylvain !

ENSEMBLE.

Ah! pour moi, bonheur extrême
Et que tout bas j'enviais!
Son cœur, le mien, pensaient de même !
Que l'amitié nous unisse à jamais.
ROSE, s'échappant des bras de Sylvain.
Ami, l'ombre nous gagne !
Songe au devoir sacré
Qui t'appelle dans la montagne!
A le remplir je t'aiderai !
SYLVAIN.
Tu m'attendras ?
ROSE.
Je t'attendrai !

REPRISE DE L'ENSEMBLE.

Ah! pour moi, bonheur extrême
Et que tout bas j'enviais!
Son cœur, le mien pensaient de même!
Que l'amitié nous unisse à jamais.
(Après le duo et pendant la ritournelle, Sylvain s'éloigne. Rose l'accompagne et disparaît un instant avec lui derrière des ruines. La nuit arrive par degrés.)

SCÈNE III.

THIBAUT, puis ROSE.

THIBAUT, entrant vivement par le côté.

Ma femme a disparu de la danse, le dragon aussi... je les ai aperçus!... je les ai suivis. Je les tiens!... un uniforme donnant le bras à quelque chose qui ressemble à une femme... Ce doit être la mienne!... (Regardant autour de lui.) Personne! Ils auront pris à gauche! va te promener! je les ai perdus! (Apercevant tout à coup Rose au moment où elle rentre.) Ah!

Ah !

ROSE, poussant un cri et se retournant.

THIBAUT.

Le Friquet! (Il reste stupéfait.)

ROSE, après s'être remise de son émotion.

Mon Dieu! monsieur Thibaut, que c'est mal de faire des peurs comme ça !

THIBAUT.

Le Friquet ici!... Ah çà ! je le trouverai donc partout!

ROSE, à part, avec inquiétude.

Qu'est-ce qui peut l'amener de ce côté ?

THIBAUT.

Je n'ai pourtant pas la berlue, et tout le monde ne s'est pas donné le mot pour venir ce soir à l'ermitage, où on ne vient jamais. (Se frappant le front.) Mais que je suis bête! (A part.) Si c'était elle que je viens d'entrevoir de loin au bras de cet uniforme? Le Friquet?... allons donc ! Après ça des soldats, ça n'est pas difficile! (Brusquement, à Rose.) Qu'est-ce que tu fais là, à cette heure?...

ROSE.

Et vous ?

THIBAUT.

Moi, ça ne te regarde pas.

ROSE.

Je pourrais vous faire la même réponse, n'était le respect que je vous porte.

THIBAUT, raillant.

Oui-da!... Mais je sais, moi, pourquoi tu es ici.

ROSE, de même, et affectant de l'assurance.

Vraiment? D'où vient que vous me le demandez, alors?

THIBAUT.

Pour savoir, donc?... pour rire... pour m'amuser... (Malignement.) Où est-il caché?

ROSE, un peu troublée.

Qui?...

THIBAUT.

L'autre!... celui avec qui tu es venue... à qui tu donnes des rendez-vous le soir !

ROSE, avec effroi, à part.

Bonté divine!

THIBAUT, triomphant, et à part.

C'est elle! (Haut, en se rengorgeant.) Ah! ah! la belle!... on s'esquive de la danse sans en avoir l'air, on grimpe à la brune le sentier de l'ermitage, on se blottit dans son petit coin entre chien et loup avec son amoureux, et on s'imagine que personne ne vous dérangera et qu'on pourra reprendre sa place à la ronde tranquillement, comme si de rien n'était!.. Mais il y a des yeux qui regardent, des oreilles qui entendent à demi mot, des jambes qui courent : on est prise, et pour que le secret soit mieux gardé, je vais chercher le village !

ROSE, tremblante le retenant.

Monsieur Thibaut!...

THIBAUT.

Tarare!... ça va faire jaser un petit brin!... (Riant.) Moi qui croyais que c'était ma femme...

ROSE, surprise.

Votre femme?

THIBAUT.

Qui s'était esquivée avec le dragon.

ROSE.

Quel dragon?

THIBAUT, riant toujours.

Eh bien! le tien, celui qui est venu avec toi.

ROSE.

Un dragon?

THIBAUT.

Mais ce n'est pas un fantassin je suppose... Et comme il a filé de la danse et que je ne la retrouvais pas non plus...

ROSE.

Qui?... votre femme?

THIBAUT.

Certainement! c'est là le drôle!... j'ai cru naturellement...

ROSE.

Oui... oui... je commence à comprendre. Vous avez cru d'abord que c'était elle que le dragon avait emmenée, et vous vous imaginez à présent que c'est... (Éclatant de rire.) Ah! ah! ah! ah!

THIBAUT, riant aussi.

Ah! ah! ah! (S'arrêtant tout à coup.) Pourquoi ris-tu comme ça?...

ROSE, essayant de se retenir.

Oh! pour rien, monsieur Thibaut.

THIBAUT.

Pourquoi ris-tu? ça me taquine, je veux le savoir.

ROSE.

Pour rien; seulement je vous conseille de n'amener personne avec vous.

THIBAUT.

Et à cause? Qu'est-ce que tu entends par là? Voudrais-tu me donner à penser que je suis un imbécile de croire que c'est toi que j'ai aperçue, pendant que ce serait au contraire... Enfin, qu'est-ce que tu dis?

ROSE.

Mais rien, monsieur Thibaut.

THIBAUT.

C'est ce qui m'enrage : je voudrais que tu disses quelque chose!

ROSE.

Puisque je ne sais rien!

THIBAUT.

Ni moi non plus à présent! Tu as un aplomb! (A lui-même.) Mais que je suis bête! l'apparence qu'avec cette tournure-là on se soit épris d'elle! Ces soldats n'ont pas de goût, mais encore... encore!... C'est ma femme, plus de doute!... Elle aura pris à gauche! moi, j'ai pris tout droit comme un nigaud! Va te promener! ils ont pris à gauche. (Il s'élance du côté par où il est venu.)

ROSE.

Où courez-vous comme ça?

THIBAUT.

Qu'est-ce que ça te fait? Est-ce que je te demande quelque chose à toi?

ROSE.

Je voudrais savoir...

THIBAUT.

Va-t'en au diable, je suis en retard!... (Se tournant vers la statue à moitié brisée de l'ermite.) O vieux ermite... je me mets sous ta protection. Pour peu qu'il y ait du danger, arrive à mon aide, et fais comme moi, ne t'endors pas en route!... Ils ont pris à gauche... (Il sort en courant par où il est entré.)

ROSE.

Monsieur Thibaut!.. monsieur Thibaut... ne courez donc pas comme ça... vous allez arriver trop vite... (Apercevant Georgette et Belamy qui paraissent au fond.) Les autres... Sa femme... Il était temps! Mais quelle fatalité! (Elle se glisse derrière des ruines.)

SCÈNE IV.

GEORGETTE, BELAMY, ROSE, cachée pour les acteurs, mais restant à l'avant-scène, en vue du public.

TRIO.

GEORGETTE, avançant timidement, à Belamy, qui la suit.

C'est là.
Voilà
L'antique et pieux ermitage.

BELAMY.

C'est là?

GEORGETTE,

C'est là
Ici,
Voici
De l'ermite la sainte image.

BELAMY, saluant comiquement.

Elle vaut le pèlerinage!

GEORGETTE.

Et puis le clocheton.

BELAMY.

Si terrible, dit-on,
Pour les belles du voisinage!

ROSE, à part.

On le voit d'assez loin ;
Qu'avaient-ils donc besoin
Pour cela de faire un voyage?

BELAMY, regardant.

C'est là!

GEORGETTE.

C'est là.
Ce soir, à l'ermitage,
Sans moi priez dévotement.

(Elle va pour s'en aller, Belamy la retient.)

ENSEMBLE.

BELAMY.

Restez un seul instant.
Pourquoi me fuir, guide charmant?
Laissez-vous attendrir,
Renoncez à me fuir.

GEORGETTE.

Non, non, pas un instant :
C'est trop compromettant.
J'eus grand tort de venir,
Vite! je dois partir!

ROSE, à part.

Hélas! fatal instant!
Que faire maintenant?
Et Sylvain va venir!
Comment le prévenir?

(Georgette fait encore quelques pas pour s'en aller.)

ROSE, à part.

Elle s'éloigne, Dieu merci!

BELAMY, l'arrêtant.

Y pensez-vous, partir si vite?

GEORGETTE.

Je n'ose demeurer ici!

BELAMY.

Que craignez-vous?

GEORGETTE.

Je crains l'ermite!

BELAMY.

Rien qu'un instant!

GEORGETTE.

Il le saurait!

BELAMY.

Un seul instant! je vous en prie!

GEORGETTE.

Il sonnerait! il sonnerait!

BELAMY.

Non! non! de la cavalerie
Il aurait peur et se tairait!

ROSE, à part.

Mais au besoin on l'aiderait.

BELAMY, à part.

Elle hésite!

ROSE, à part.

Vite!
Faisons parler l'ermite.

(Elle se glisse vers le clocheton et disparaît.)

GEORGETTE, près de céder.

Au fait, pour un petit moment,
Ira-t-il se mettre en colère?

BELAMY.

Entre nous, il faudrait vraiment,
Qu'il eût bien mauvais caractère!

(Georgette se rapproche timidement de Belamy qui va pour lui saisir la main. En ce moment la cloche se fait entendre. Tous les deux s'arrêtent. Rose reparaît et les observe avec malice.)

GEORGETTE, tremblante.

O ciel! avez-vous entendu?

BELAMY.

Je reste confondu!

GEORGETTE.

Il sonne!
Il carillonne
En son clocheton délabré,

Comme si le diable en personne
Y fût entré.

ENSEMBLE.

GEORGETTE, avec désespoir et presque en pleurant.
Ah! quel tapage!
Quel orage
Éclatera
Dans mon ménage!
Et que dira
Tout le village?
Au doigt chacun me montrera
Thibaut criera,
S'emportera,
Tempêtera!
Et dans sa rage,
Peut-être même il me battra!
BELAMY.
Vraiment, j'enrage!
Elle allait me céder, je gage!
A l'ermite, à son tapage
Un dragon ne croit pas!
Mais sous mon bras,
Gare à celui qui tombera!
Car de l'orage
Il pâtira!
ROSE, à part.
J'entends d'ici l'orage
Gronder dans le village.
Quel bruit et quel tapage
Chaque mari fera!
Chacun criera,
l'empôtera,
S'emportera!
Ah! quel orage
Éclatera!
BELAMY, à Georgette.
Ah! quelle plaisanterie!...
Eh! quoi! trembler au moindre bruit
Que la brise de nuit
Seule a causé, je le parie!...
GEORGETTE.
Ah! c'est l'ermite!
BELAMY, riant.
Un revenant!
ROSE, à part.
Un revenant très-bien vivant!
BELAMY.
A tout cela n'allez pas croire!
GEORGETTE.
Quoi! cette cloche?...
BELAMY.
Absurde histoire
GEORGETTE.
Et notre ermite?
BELAMY.
Également!
GEORGETTE, se rassurant.
Ah! si je le savais!
BELAMY.
Ici l'on peut, ma chère,
S'en assurer facilement.
GEORGETTE.
Pour ça, que faut-il faire?
BELAMY.
M'accorder seulement
Un baiser sur ce cou charmant!
GEORGETTE.
Il le saurait!
BELAMY.
Un seul baiser, je vous conjure!
GEORGETTE.
Il sonnerait! il sonnerait!
BELAMY.
Non, non, l'ermite, soyez sûre,
Par vos maris fut inventé!
ROSE, à part.
Fort à propos, en vérité!
BELAMY, à part.
Elle hésite!...
ROSE.
Vite,
Faisons reparler l'ermite!
(Elle retourne au clocheton.)
GEORGETTE, hésitant.
Au fait, pour un petit baiser,
Doit-on négliger de s'instruire?
BELAMY.
Et puis, pour vous tranquilliser,
A personne ça ne peut nuire!

(Il va pour embrasser Georgette. La cloche sonne plus fort.)
GEORGETTE, avec effroi.
O ciel! avez-vous entendu?
BELAMY.
J'en reste confondu!
GEORGETTE.
Il sonne!
Il carillonne,
En son clocheton délabré,
Comme si le diable en personne
Y fût entré!

ENSEMBLE.

GEORGETTE, avec désespoir et en pleurant.
Ah! quel tapage!
Quel orage
Éclatera
Dans mon ménage!
Et que dira
Tout le village?
Au doigt chacun me montrera
Thibaut criera,
S'emportera,
Tempêtera!
Et dans sa rage,
Peut-être même il me battra!
BELAMY.
Vraiment j'enrage!
Elle allait me céder, je gage.
A l'ermite, à son tapage,
Un dragon ne croit pas!
Mais sous mon bras,
Gare à celui qui tombera!...
Car de l'orage,
Il pâtira!
ROSE, à part.
J'entends d'ici l'orage
Gronder dans le village!
Quel bruit et quel tapage
Chaque mari fera!
Chacun criera,
S'emportera,
Tempêtera!
Ah! quel orage
Éclatera!...
BELAMY, cherchant à retenir Georgette.
Calmez ce grand effroi!
Ne fuyez pas!... écoutez-moi!...
GEORGETTE, se débattant.
Non, non, jamais : je meurs d'effroi...
Il a sonné! c'est fait de moi!

THIBAUT, criant dans la coulisse.
Il a sonné!...
BELAMY, laissant échapper Georgette.
Le mari!... (Georgette se sauve. — Belamy va pour la suivre; mais il s'arrête au bruit que fait Thibaut qui accourt. — Pendant le trio la lune s'est 'evée et elle éclaire la scène jusqu'à la fin de l'acte.)

SCÈNE V.

BELAMY, THIBAUT, ROSE, cachée.

THIBAUT, entrant effaré.
Il a sonné! peut-être trop tard!... (Se retournant et voyant Belamy qui cherche à s'esquiver.) Mon dragon!...
BELAMY, feignant d'arriver.
Tiens!... vous voilà, vous... nous arrivons ensemble...
THIBAUT, grommelant.
Nous arrivons... (Courant à Belamy.) Où est-elle?
BELAMY.
Qui?
THIBAUT.
Ma femme?
BELAMY.
Est-ce que vous me l'avez donnée en garde?
THIBAUT.
Ce n'est pas à vous que je l'aurais confiée!...
BELAMY.
Dès lors, pourquoi me la réclamez-vous?
THIBAUT.
Parce qu'elle est ici.
BELAMY, tranquillement.
Vous l'y avez vue?
THIBAUT.
Je l'ai aperçue, quand elle y venait à votre bras.
BELAMY.
Distinctement?
THIBAUT, furieux.
Qu'est-ce que ça vous fait? Il suffit que je l'aie vue.

BELAMY.

Ça me fait que vous avez la prétention de croire qu'il n'y a que votre femme au monde.

THIBAUT, avec colère.

Je n'ai pas dit ça!

BELAMY.

Et que vu cette circonstance, je ne saurais avoir des inclinations que pour ses charmes.

THIBAUT, criant.

Je n'ai pas dit ça!... Je dis que vous n'êtes pas venu seul : que quelqu'un était avec vous, et que ce quelqu'un c'est elle, et non pas l'autre.

BELAMY.

Hein! Il y en a une autre?

THIBAUT.

Vous ne le savez même pas!

BELAMY.

C'est ce qui vous trompe ; car précisément c'est l'autre, et non pas elle... Ah!...

THIBAUT.

Balivernes! Elle m'a dit que non.

BELAMY.

Qui ?

THIBAUT.

L'autre.

BELAMY.

Vous lui avez parlé?

THIBAUT.

Oui!

BELAMY, à part.

Il est plus avancé que moi.

THIBAUT.

Oui, je lui ai parlé. Et cette conquête-là ne vous ferait pas déjà tant d'honneur, allez.

BELAMY, à part.

Quelque vieille, à ce que je puis croire.

THIBAUT.

Il ne faudrait pas vous rengorger dans votre uniforme!... Oh! mais non!... il n'y aurait pas de quoi!...

BELAMY.

Vous préféreriez, dans mon intérêt, que ce fût votre femme?

THIBAUT, criant.

Je n'ai pas dit ça!... mais je veux la voir; j'y tiens, et je ne m'en irai pas que je ne l'aie vue.

BELAMY, avec force.

Mais, entêté, si elle n'est pas ici?

THIBAUT.

Elle y est!

BELAMY.

Si vous la trouvez tranquillement à la danse, qu'est-ce que vous direz, hein?...

THIBAUT.

Je dirai qu'elle n'y est pas!... par la raison que je suis sûr qu'elle est ici!

BELAMY.

Mais si vous lui parlez? si elle vous répond? Qu'est-ce que vous direz?

THIBAUT.

Je dirai... que vous voulez me renvoyer pour rester avec elle.

BELAMY.

Mais puisque je vous accompagne.

THIBAUT.

Vous?

BELAMY.

Un bout de chemin.

THIBAUT.

Vous? Ah çà! décidément, c'est donc l'autre?

BELAMY.

Voilà une heure que je vous le dis.

THIBAUT.

Ah bah!... c'est l'autre?... il sonne aussi pour les filles!... c'est le Friquet!

BELAMY.

Hein? Comment l'appelez-vous?

THIBAUT.

Ah! par exemple, je n'aurais jamais pensé... un joli homme comme vous... ça m'est venu à l'idée; mais jamais je n'aurais pu croire...

BELAMY.

Vraiment? (A part.) Il paraît que c'est un monstre!

THIBAUT, riant.

Ah! ah! dites donc... savez-vous que vous êtes un drôle de corps?

BELAMY.

Vous aussi!

Ah! ah! ah!

TOUS DEUX, riant.

THIBAUT.

Vous êtes un drôle de corps!

BELAMY, à part.

Je reviendrai! (Ils sortent tous deux, en riant, bras dessus bras dessous.)

SCÈNE VI.

ROSE, reparaissant aussitôt.

Les voilà partis! J'aurais pu compter les minutes à mon cœur, tant il battait fort! Il m'a semblé entendre prononcer mon nom! Ah bah! qu'est-ce que cela me fait? Attendons paisiblement et sans impatience. Il me semble qu'il se fait tard, car moi qui ne suis jamais lasse, je dormirais, je crois, si je n'avais tant de raisons pour garder mes yeux grands ouverts! (Allant s'asseoir sur une ruine à l'avant-scène. — Elle réfléchit un instant.) Pauvre Sylvain!... C'est beau de se dévouer comme il le fait!... mais qu'il a dû avoir de tourment!... (Après une pause, et naïvement.) Il m'a dit qu'il me trouvait jolie... parce qu'il m'aime! C'est la première fois que cette idée me vient et elle me trouble toute. (Le motif du duo revient à l'orchestre, et elle dit en s'endormant.) Jolie... il m'a dit qu'il me trouvait jolie... jolie. (Belamy reparaît au fond et s'arrête comme en cherchant à surprendre quelqu'un.)

SCÈNE VII.

ROSE, endormie, BELAMY, s'avançant avec précaution et sans voir Rose.

BELAMY.

Morbleu!... je saurai quel est ce farceur d'ermite qui s'est pendu à la cloche et qui m'a joué ce tour-là! Ce doit être ma vieille!

ROSE, s'éveillant tout à coup.

Eh bien!... eh bien!... je m'endormais, moi!...

BELAMY, l'apercevant.

Mais elle n'est pas vieille du tout.

ROSE, se frottant les yeux.

A-t-on jamais vu!

BELAMY.

La petite!... ma danseuse!... (Il se tient à l'écart.)

ROSE, remontant la scène et regardant de droite et de gauche.

Et Sylvain qu'on pourrait surprendre!

BELAMY.

Elle attend quelqu'un... Je la gênais... c'est clair, et alors... (Il fait le geste de sonner.) Ce n'est pas maladroit!

ROSE, écoutant, au fond.

Rien encore! (Sur la ritournelle du finale qui indique un mouvement de marche lointaine.) Si !... je l'entends... c'est lui!...

BELAMY, allant se blottir dans un coin.

Un amoureux?... allons donc!... (Voyant paraître Sylvain.) Elle attendait un amoureux! (Voyant un autre homme paraître, et comptant successivement.) Deux, trois, quatre! Je comprends qu'il lui fallait de la place! (Il disparaît derrière le clocheton.)

SCÈNE VIII.

ROSE, SYLVAIN, LE PASTEUR, GROUPES D'HOMMES, DE FEMMES ET D'ENFANTS.

(Ils entrent silencieusement et avec précaution. — Sylvain s'approche du pasteur et le soutient.)

FINALE.

CHŒUR D'HOMMES, entrant.

Partons, partons sans bruit
Dieu nous conduit!

CHŒUR DE FEMMES, entrant.

Enfants chéris, suivez vos mères.
Le jour verra finir vos douleurs, vos misères!

CHŒUR GÉNÉRAL.

Amis profitons de la nuit,
Le Seigneur nous conduit,
Partons sans bruit.

(Les femmes et les enfants s'arrêtent épuisés de fatigue.)

LE PASTEUR, à Sylvain.

Nous voilà réunis : pour notre délivrance
Que peux-tu maintenant? quelle est ton espérance?

SYLVAIN.

Seul, je ne puis plus rien! voici votre sauveur!

LE PASTEUR ET LES PROSCRITS.

Quoi!... cette jeune fille?...

SYLVAIN.

Ah! comme de mon cœur,
Je vous réponds du sien!...

TOUS A ROSE.

Parlez donc, hâtez-vous,

Parlez !... dirigez-nous !...
ROSE, montrant le fond à droite.
Entre ces rochers sauvages,
Et, creusé par les orages,
Serpente un étroit chemin.
CHOEUR.
Un étroit chemin.
ROSE.
Il conduit à la frontière,
En côtoyant la lisière
Des bois et du grand ravin.
CHOEUR.
Et du grand ravin !
ROSE.
Puis un sombre précipice
S'ouvrira devant vos pas !
Le chasseur dont le pied glisse,
Roule et ne remonte pas !
CHOEUR.
Que faire, hélas !
ROSE.
Avec audace
Franchir l'espace,
Sur un vieux chêne en travers renversé.
CHOEUR.
Nous l'oserons !
ROSE.
Et ce danger passé,
Vos femmes, vos enfants et vous,
Dieu, pauvres gens, vous aura sauvés tous !
CHOEUR, se pressant autour de Rose.
Ah ! sois bénie,
Dans cette vie,
Et dans le ciel
Sois bénie
Par l'Éternel !
(Quelques-uns des proscrits vont reconnaître le sentier indiqué par Rose; les
autres écoutent les exhortations du pasteur.)
SYLVAIN, prenant Rose à part.
Rose, je t'aime !...
Ce cœur méconnu si longtemps,
Fais-en, mon bien suprême !...
Et demain, à l'église, échangeons nos serments.
ROSE ET SYLVAIN.
Demain, bonheur suprême !...
Le ciel recevra nos serments !...
CHOEUR.
Marchons !... le salut est là-bas !
LE PASTEUR.
Demandons au Seigneur de veiller sur nos pas.
(Tout le monde s'agenouille autour du pasteur qui reste debout.)
CHOEUR.
Dieu fort, Dieu tout-puissant,
Protège l'innocent !
Seigneur, maître du ciel,
Conduis, sauve Israël.
Dieu secourable,
Inspire-nous et pardonne au coupable.
(Tout le monde se relève.)
Adieu nos riches coteaux,
Vous qui donniez l'abondance
A nos heureux hameaux !
Adieu pays, nos amours,
Il faut te fuir sans espérance.
Adieu, pays de France
Adieu pour toujours !
(Rose s'élance la première dans le sentier. On s'apprête à la suivre. — Sylvain
va regagner le village.)

BELAMY, sortant de sa cachette et se glissant parmi les rochers. — Parlé.
Les gens que nous cherchons !... Quel coup de filet !...

ACTE TROISIÈME.

La rue du village sur laquelle donne la maison de Thibaut dont on
a vu l'autre façade au premier acte ; l'entrée d'une grange à droite.
Près et devant cette grange des bottes de foin. A gauche, la fontaine du village ; au fond, la vallée et les montagnes.

SCÈNE PREMIÈRE.

PAYSANS ET PAYSANNES, entrant par groupes de divers côtés, ou sortant successivement de leurs maisons et s'abordant d'un air effaré ; puis
THIBAUT, GEORGETTE.

MORCEAU D'ENSEMBLE.

CHOEUR DES FEMMES, entre elles.
Vous savez la nouvelle ?
Rose épouse le beau Sylvain.
Voilà ce qui s'appelle
Un bon tour, un drôle d'hymen !..
CHOEUR D'HOMMES, entre eux.
Vous savez la nouvelle ?
L'ermite a sonné le tocsin.
Il est une femme infidèle,
Un mari trompé, c'est certain !..
(Parlant et se répondant tous à la fois.)
Mais l'accident, je vous l'assure,
Voisin, n'a pas eu lieu chez moi.
Ni chez moi ! ni chez moi !
THIBAUT, à part, en les regardant.
Les malheureux !... font-ils une figure !..
GEORGETTE, sortant de chez elle, et à part en regardant son mari.
Il n'a rien su de l'aventure,
Ah ! comme c'est heureux pour moi !..
THIBAUT, à part, en riant.
Chacun déjà tremble pour soi !..
LES FEMMES, à Georgette.
Vous savez la nouvelle ?
LES HOMMES, à Thibaut.
Vous savez la nouvelle ?
THIBAUT, gaiement.
Je la sais de première main !
Rose épouse le beau Sylvain,
Et l'ermite, voyez la chance,
Cette nuit s'éveillant,
Lui sonnait, par avance,
La chose qui l'attend !
LES HOMMES, riant, peu à peu.
Quoi ! c'était pour cela !..
LES FEMMES, entre elles.
Qui donc aurait cru ça ?
LES HOMMES.
Ah ! j'en ris sur ma foi !..
Ce n'était pas pour moi,
Ni pour moi ! ni pour moi !..
ENSEMBLE GÉNÉRAL, et gaiement.
Vous savez la nouvelle ?
Rose épouse le beau Sylvain !..
Voilà ce qui s'appelle
Un bon tour, un drôle d'hymen !..
(Éclatant de rire.)
Ah ! ah ! ah !
Comme on rira !..
(A la fin du morceau les groupes se dispersent en tous sens. Le dernier ne s'é-
loigne, en causant et en ricanant, qu'après l'entrée de Sylvain.)

SCÈNE II.

THIBAUT, GEORGETTE, SYLVAIN.

(Bruit de querelle dans la coulisse.)
SYLVAIN, du dehors, avec colère.
Tu fais bien de te sauver, mauvais gars !.. (Entrant en scène et
s'adressant à la cantonade.) Et le premier de vous qui s'avisera de
ricaner et de me montrer au doigt quand je passerai, se sou-
viendra de moi, je l'en avertis !
THIBAUT.
Eh bien ! eh bien ! garçon, qu'est-ce que ça veut dire ? une
querelle ! le jour où tu te maries ?.. car il paraît que tu te ma-
ries ?
SYLVAIN.
Oui, monsieur Thibaut, et je viens charger notre foin bien
vite, afin d'être prêt pour mon mariage.
THIBAUT.
Ah ! ton mariage, c'est la grande nouvelle du matin... Tu
penses qu'on en rit un peu... Eh ! eh ! il ne faut pas que ça te
fâche ; mais de voir le Friquet trouver un prétendu, c'est drôle,
tu en conviendras ! enfin, tu l'épouses ?
SYLVAIN.
Aujourd'hui, monsieur Thibaut.
GEORGETTE.
Mais comme vous avez pris votre parti lestement, Sylvain ?
THIBAUT.
Pourquoi pas ? Quand on est décidé à faire une bê.... une
bonne affaire, autant la faire tout de suite, sans se donner le
temps de la réflexion. Certainement, il sait d'avance qu'il n'é=

ouse pas le Pérou... mais bast!.. je veux dire qu'il ne la choisit point pour sa richesse, mais pour ses qualités.

SYLVAIN.

Pour ses qualités, oui, monsieur Thibaut.

THIBAUT.

Pour sa bonne conduite.

SYLVAIN.

Oui.

THIBAUT.

C'est ça; je crois que tu seras très-heureux, moi.

SYLVAIN.

J'en suis sûr, et comme vous êtes not' maître, et qu'à ce titre, je vous dois considération et respect, j'espère que vous voudrez bien me servir de père et de témoin pour les accordailles.

THIBAUT.

Hein? moi, te servir de témoin?

SYLVAIN.

Est-ce que vous me refuseriez?

THIBAUT.

Mais je crois bien. Si tu fais une sottise, ce n'est pas une raison pour que j'en prenne ma part.

SYLVAIN.

Ah! pas un mot avec ça, monsieur Thibaut. Vous avez le droit de me refuser, je le reconnais; mais vous n'avez pas celui de vous prononcer comme vous le faites sur mes idées ou mes sentiments quand je ne vous le demande pas.

GEORGETTE.

Il a raison, et vous vous êtes attiré sa réponse, et, pour le dédommager de vos refus, je me mets à sa disposition pour la noce, et je me charge du bouquet de la mariée.

THIBAUT, à part.

J'enrage.

SYLVAIN.

Vrai? vous aurez cette bonté, madame Georgette? Eh bien! j'accepte et je vous remercie. J'ai fait porter, ce matin, chez Rose, tous ses ajustements, qu'on a eu bien de la peine à tailler et à coudre dans la nuit. Elle n'était pas chez elle, mais elle doit être rentrée maintenant.

THIBAUT, malignement.

Rentrée !... rentrée... ce n'est pas sûr.

SYLVAIN.

Comment?

THIBAUT, de même.

Qui sait !... la mariée est peut-être en train de gagner sa dot.

SYLVAIN.

Que voulez-vous dire?...

THIBAUT.

Dame! pour qu'elle ne soit pas au village un jour d'accordailles, il faut un motif, je suppose.

SYLVAIN.

Oui... et je le connais.

THIBAUT.

Tant mieux! Seulement tu sais qu'hier au soir, au beau milieu de la danse, les dragons sont subitement montés à cheval?

SYLVAIN.

Qu'est-ce qu'il y a d'étonnant à ça?... c'est leur métier.

THIBAUT.

Tu sais encore qu'ils ont couru se poser en embuscade sur le chemin, afin de couper le passage aux fugitifs?

SYLVAIN.

Oui, je sais ça.

THIBAUT.

Et que leur maréchal des logis est venu triomphant au point du jour, si sûr d'avance de sa capture, qu'il m'a dit de préparer une grange pour recevoir les prisonniers.

SYLVAIN.

Eh bien! not' maître, il faut faire ce qu'il vous a dit.

GEORGETTE.

Ces pauvres gens auraient donc été trahis... livrés!...

THIBAUT.

Apparemment...

GEORGETTE.

Qui donc aurait eu ce cœur-là?

THIBAUT.

Si je le savais, je me ferais un plaisir de vous le dire, mais pour le moment je ne le sais pas encore. Seulement, en rapprochant certaines circonstances...

GEORGETTE.

Hé bien?

THIBAUT.

Madame Thibaut, allez donc vous occuper du bouquet de la mariée.

GEORGETTE.

Mais répondez !...

THIBAUT.

Allez donc, que diable! c'est insupportable !... elle ne sera jamais prête. (Georgette sort avec humeur.)

SCÈNE III.

THIBAUT, SYLVAIN.

SYLVAIN, pensif, et à lui-même.

Trahis!... livrés!... Oh! c'est impossible.

THIBAUT.

Comment impossible?... Écoute donc! deux cents pistoles de récompense pour cela : c'est un friand denier, une fortune ; et je me suis toujours demandé comment le Friquet, qui ne possède pas un sou, n'a pas eu l'idée...

SYLVAIN, l'interrompant avec indignation.

Malheureux!

THIBAUT.

C'est qu'elle ignorait, sans doute, où gitait le lièvre !

SYLVAIN, de même.

Ah! tenez, not' maître... laissez-moi faire mon ouvrage et ne me poussez pas à bout !...

THIBAUT, avec dignité.

Hein ! comment?...

SYLVAIN.

C'est vrai ! c'est infâme ! ça; dès qu'il se trouve quelque mauvaise action à faire, il n'y a que Rose qui puisse s'en charger. Rose, penser à une trahison pareille!... vous l'en croyez capable!... vous la soupçonnez, et en ce moment?.. Oh!.. oui, c'est infâme, voyez-vous!.. car s'ils étaient pris, elle se perdrait avec eux, la pauvre fille, et pour eux...

THIBAUT.

Le Friquet?...

SYLVAIN.

C'est elle qui les accompagne!...

THIBAUT.

Elle!... comment dis-tu ça? elle connaissait leur retraite? (A part avec triomphe.) Ah ! tout s'éclaircit subitement!... le rendez-vous de cette nuit... l'avis donné au sous-officier... son départ subit en revenant de l'ermitage!...ça crève les yeux. (Haut.) Et tu n'y vois rien, toi? et tu l'attends pour l'épouser? (Riant.) Eh! eh! eh! reste là.

SYLVAIN.

Que voulez-vous dire?

THIBAUT.

Reste-là, pour savoir, pour écouter...

SYLVAIN.

Ah! laissez-moi donc tranquille... je n'ai rien à savoir, rien à entendre.

THIBAUT.

Mais puisque je te dis qu'il est dans la cave.

SYLVAIN.

Qui! voyons... qui?

THIBAUT.

Le dragon... depuis ce matin... je n'ai trouvé que ce moyen de l'empêcher d'entrer chez moi.

SYLVAIN.

Est-ce que tout ça me regarde?.. (Il retourne à son ouvrage.)

THIBAUT, criant au soupirail de sa cave.

Dites-donc !...

BELAMY, de la cave.

A votre santé.

THIBAUT.

Merci. Il paraît qu'il va bien avec mon Médoc. Ah !... elle les accompagne?... (Criant.) Dites donc !...

BELAMY.

Voilà !... présent !...

THIBAUT, à Sylvain.

Reste là! je vais le faire jaser. (Sylvain lui tourne le dos et rentre son foin pendant ce qui suit.)

SCÈNE IV.

BELAMY, THIBAUT, SYLVAIN.

(Belamy sort de la cave tenant en main un verre et une bouteille. — Sylvain occupé à droite.)

BELAMY.

CHANSON A BOIRE.

PREMIER COUPLET.

Le sage, qui s'éveille,
Visite avant tout ses tonneaux !..
Croyez, cadédis,
Croyez, amis,
Ce que j'en dis!..
Le Dieu qui nous conseille,
Celui qui guérit tous les maux,
Pour temple a choisi ma bouteille!..
Eh! tic! eh! toc!..
Ah! que ses glougloux
Me semblent doux!..
Eh! tic! ch! toc!
Vive un coup de Médoc!

Il fait voir tout en rose,
Aimer le genre humain,
Amis doublons la dose
En buvant au prochain!...
 Eh! tic! eh! toc!...
Vive un coup de Médoc!...

DEUXIÈME COUPLET.

Foin d'un estomac vide!...
Le mortel à jeun fait pitié!...
 Croyez, cadédis,
 Croyez, amis,
 Ce que j'en dis!...
A jeun, Mars est timide,
Cupidon est mort à moitié!...
Mais pour que son front se déride
 Eh! tic! eh! toc!
En avant! glougloux
 Au bruit si doux!
 Eh! tic! eh! toc!
Vive u ncoup de Médoc!
Coule charmant breuvage!
Sans toi point de beaux jours;
Tu doubles le courage,
Tu grises les amours!...
 Eh! tic! eh! toc!
Ah! l'excellent Médoc!

THIBAUT, prenant la bouteille vide.

A la bonne heure!... j'aime les bons vivants! j'aime votre caractère! toujours prêt à vous contenter de ce qui n'est pas à vous... toujours gai!...

BELAMY, légèrement aviné.

Je ne vois pas où je prendrais sujet d'être mélancolique, aujourd'hui surtout. Quand on va passer officier...

THIBAUT.

Vous ?... pas possible !...

BELAMY.

Hein?... Il me semble que mon physique se prête suffisamment à la chose, et que pour l'intelligence et l'éducation, je vaudrai bien mon lieutenant... qui est une grue!...

THIBAUT.

Oh! quant à ça vous le vaudrez!...

BELAMY.

Et d'ailleurs, c'est le moins que le roi me doive pour l'avoir servi comme je viens de le faire.

THIBAUT, malignement, en regardant du côté de Sylvain.

Ah! oui. Je voulais précisément vous parler de ça. Eh bien! ils sont pris?

BELAMY.

Qui ça?

THIBAUT.

Les autres?... les révoltés?

BELAMY.

Prrr!... cernés dans une embuscade, cher ami. (Sylvain cesse de travailler et écoute.)

THIBAUT.

Et... on vous avait mis sur leur piste?... car vous ne l'auriez jamais trouvée de vous-même, bien sûr.

BELAMY.

Tiens!... est-ce que vous croyez que j'ai un nez comme vous, à flairer tout seul le gibier, imbécile? (Sylvain se remet à l'ouvrage.)

THIBAUT.

Et... c'est cette nuit que l'on vous a donné ces renseignements?

BELAMY.

C'est cette nuit!...

THIBAUT.

A l'ermitage?

BELAMY.

A l'ermitage. (Sylvain ému, s'arrête encore et écoute.)

THIBAUT.

Dans un rendez-vous d'amour?

BELAMY.

Avec votre femme!

THIBAUT.

S'il vous plaît?

BELAMY.

Non... je dis : Je ne suis pas venu avec vot' femme.

THIBAUT.

Mais je le sais bien!... (A part.) Est-il bête, cet être-là! (Haut.) Je le sais bien, puisque vous y étiez avec la petite.

BELAMY.

Chut!...

THIBAUT.

Avec la chevrière!...

BELAMY.

Chut!...

Rose Friquet.

Avec Rose!

THIBAUT.

Et... c'est par elle que vous avez tout appris?

BELAMY.

Qu'est-ce que ça vous fait?

THIBAUT.

Non, je dis : C'est par elle?

BELAMY, le prenant par la tête.

Curieux!

THIBAUT.

Par elle?

BELAMY.

Comme vous dites, papa!

SYLVAIN, s'élançant vers le village.

Oh! trahi!... (Il disparaît.)

BELAMY, se retournant.

Hein? Qu'est-ce que c'est que ça?...

THIBAUT, étouffant de rire.

Rien... C'est le mari qui a tout entendu... car elle se marie aujourd'hui!

BELAMY.

Ah bah?

THIBAUT, riant.

Elle se marie!! Ah! ah!

BELAMY, riant.

Eh! eh! eh!

SCÈNE V.

LES MÊMES, UN DRAGON, arrivant tout essoufflé et couvert de poussière.

LE DRAGON.

Maréchal, voici la réponse du lieutenant : il m'a dit de vous dire qu'il ne savait pas ce que vous vouliez dire; mais que, vu l'urgence de ce que vous lui disiez, il allait monter à cheval sans savoir pourquoi et qu'il serait ici dans une heure.

BELAMY.

Très-bien : je vais lui faire préparer un logement. (A Thibaut.) Venez-vous avec moi chez le bailli?

THIBAUT.

Volontiers. Marchez toujours. (Venant à la porte de la maison qu'il entr'ouvre.) Si l'on me demande, je suis avec les dragons.

GEORGETTE, paraissant sur le seuil.

Dites donc, monsieur Thibaut... (Apercevant Belamy.) Ah! (Elle rentre.)

BELAMY, à part.

La fermière!...

THIBAUT, qui a remonté sans s'apercevoir de rien, s'adressant à Belamy.

Ah!... votre lieutenant va venir sans savoir pourquoi?... Il paraît qu'ils ne sont pas forts vos chefs... Et, comme on a dû les choisir parmi les plus intelligents... (Montrant le dragon.) Vous comprenez que celui-là, par exemple, qui n'est que soldat... Ah! ah! vous devez être bon, vous. (Thibaut et le dragon sortent. — Belamy demeure en arrière, sans faire semblant de rien.)

THIBAUT, de la coulisse.

Eh bien! venez-vous?

BELAMY.

Je vous suis.

SCÈNE VI.

BELAMY, GEORGETTE.

GEORGETTE, sortant de chez elle, et ne voyant plus personne.

Qu'est-ce que M. Thibaut peut avoir à faire avec ces militaires? et d'où vient que la fiancée n'arrive pas?

BELAMY, du fond.

St!...

GEORGETTE, avec effroi.

Il est resté?... Mais allez-vous-en donc!... si on apprenait... si on se doutait... et mon mari!... et l'ermite!.. et la cloche!... je meurs de peur!... Allez-vous-en!...

BELAMY.

Suffit, ma bergère; vous l'exigez?... je m'éloigne tristement et le cœur gros de mes soupirs.

GEORGETTE, descendant la scène.

Mais quelle idée il a eue de rester!... il me semble toujours, depuis hier, que ce maudit ermite est là, derrière moi, qui me guette et qu'il n'a pas quitté la corde!... (Belamy est descendu derrière elle sur la pointe du pied et la saisit par la taille.)

GEORGETTE, poussant un cri.

Ah!... (Se débattant.) Finissez, Monsieur, ou j'appelle, je crie!.. (Belamy l'embrasse. Elle s'arrête tout à coup, et après avoir écouté un instant.) Tiens!... il ne sonne pas!...

BELAMY, avec suffisance.
Mais nullement!... Quand je vous disais, ma beauté, que c'étaient des contes totalement dépourvus... d'invraisemblance. (Il l'embrasse de nouveau.)

GEORGETTE.
C'est qu'il ne sonne pas!.. (Belamy, après avoir levé les épaules, l'embrasse encore.) C'est qu'il ne sonne pas du tout! (Nouveau baiser.)

THIBAUT, dans la coulisse.
Eh bien !.. camarade ?..

GEORGETTE, se sauvant.
Mon mari!.. (Au moment de rentrer.) Ah!.. puisqu'il ne sonne pas ! (Elle disparaît.)

SCÈNE VII.

THIBAUT, BELAMY.

THIBAUT.
C'est comme ça que vous venez, vous ?

BELAMY.
Mais je n'ai point rétrogradé, je suppose.

THIBAUT.
Vous me dites : je vous suis !..

BELAMY.
Dès lors, vous ne vous attendiez pas à me voir marcher devant.

THIBAUT, lui prenant le bras.
Vous êtes un drôle de corps, savez-vous?..

BELAMY.
Et vous donc !.. (Ils sortent ensemble. Rose paraît au fond en toilette de mariée. Elle monte le sentier qui aboutit au village. Le bonheur et la joie brillent dans ses yeux.)

SCÈNE VIII.

ROSE, seule.

AIR.

Il m'aime! espoir charmant, douce parole!
  Qui fait battre mon cœur,
  Qui me rend presque folle
  Et de plaisir et de bonheur!
  Sylvain m'a dit : Je t'aime!..
Et depuis lors tout me semble plus beau!..
Nos prés fleuris, nos bois, le ciel lui-même
Brillent pour moi d'un éclat tout nouveau!..
Je ne serai plus seule en faisant ma prière,
Ni quand l'hiver viendra gémir dans la bruyère.
Une heure encore et je serai sa femme!..
Et mam'zelle Friquet va devenir madame!..
    Eh ! patati!.. eh! patata!..
        J'entends déjà
        Le commérage
        Qui se fera
        Dans le village,
        Et les cancans,
        Les mots méchants
    Qui vont courir à nos dépens.
        Ah! voyez... voyez...
        Cette figure,
      Ces mains et ces pieds,
        Cette tournure!..
        Qui reconnaîtrait
        Sous cette parure,
        Qui reconnaîtrait
        Rose Friquet?
  Ce bon Sylvain n'a donc plus d'yeux
  Le joli choix! c'est merveilleux!
Mais le Friquet se moque des propos,
Et, riant plus fort que les sots,
        Heureuse et fière,
        Mais sans colère,
        Je leur dirai,
        Je répondrai :
        Il m'a choisie
        Pour son amie,
        Un seul jour
    Ma donné son amour !..
    Il n'est plus rien sur terre.
    Rien que j'espère.
   Chagrins, douleurs,
 Je puis braver vos rigueurs!
    Il m'a choisie
    Pour son amie,
    Rêve enchanteur!..
    A lui ma vie,
    A moi son cœur!..

SCÈNE IX.

ROSE, GEORGETTE.

GEORGETTE.
Arrive donc, Rose, l'heure approche, et tu dois être impatiente d'entendre publier tes accordailles.

ROSE.
Oh!.. oui, madame Thibaut, bien impatiente; mais j'aurais voulu parler à Sylvain d'abord. Il m'attendait plus tôt, et s'inquiète sans doute de ne m'avoir point encore vue.

GEORGETTE.
C'est possible; il a été ce matin chez toi et ne t'a pas trouvée; Dieu sait ce qu'on aura été chercher à ce propos-là. Depuis ce matin qu'il est question de ton mariage, c'est un bruit ici à ne pas s'entendre... Mais laisse dire : d'ailleurs tu n'y pourrais rien. Les mauvaises langues, vois-tu, c'est comme not' moulin; tant qu'il a du grain à moudre, il tourne et caquette ; mais une fois que le grain est moulu, faut bien qu'il se taise.

SCÈNE X.

GEORGETTE, ROSE, THIBAUT.

THIBAUT, triomphant et se frottant les mains.
Ah ! ah ! quand on saura ce qu'elle a fait, que le bruit s'en sera répandu dans le village... (Ironiquement à Rose en l'apercevant.) Tiens! vous voilà, la belle! Comment ! pas encore de bouquet pour la cérémonie ?

ROSE.
Oh! soyez tranquille! je n'ai jamais donné cinq minutes à ma parure, et ce n'est pas aujourd'hui que je me ferai attendre. (Elle s'élance dans la maison de Thibaut.)

SCÈNE XI.

THIBAUT, GEORGETTE.

THIBAUT.
Oui, courez, ma petite, dépêchez-vous : il ne faut pas que les violons s'impatientent... (revenant à Georgette et avec joie.) C'est une peste, je le disais bien.

GEORGETTE.
De qui parlez-vous?

THIBAUT.
Une affreuse petite créature, cent fois plus malicieuse que sa chèvre, qui est pourtant une maligne bête. Mais tout se découvre enfin, tout se trahit, tout se fait jour !

GEORGETTE.
Mais quoi! qu'est-ce qui se découvre?

THIBAUT.
Tout. Il ne faut pas croire, parce qu'elle aura mis ses beaux habits, que ça se passera comme ça sous le manteau de la cheminée? Oh ! non, quand bien même elle prendrait son air le plus innocent ! quand bien même le tabellion serait là !

GEORGETTE.
Oh! oui ! même alors, je crois, on s'acharnerait encore après elle.

THIBAUT.
Et ce serait bien fait.

GEORGETTE.
Au dire des gens qui ne peuvent lui pardonner d'avoir plus d'esprit qu'eux.

THIBAUT.
Au dire de tout le village qui la déteste.

GEORGETTE.
Parce qu'elle ne se laisse pas attaquer impunément, parce qu'elle a bec et ongles pour se défendre, et qu'elle s'en sert... et elle fait bien; et si j'avais son esprit, j'en ferais autant à sa place, et si on m'en voulait comme on lui en veut, je me consolerais en pensant qu'il n'y a que les sots qui me détestent. Tant pis s'ils sont nombreux et si vous en êtes.

THIBAUT, qui a vainement tenté d'interrompre sa femme.
Oui. Eh bien ! nous verrons si vous tenez toujours le même langage! et s'ils sont arrêtés, comme on l'espère, comme je le crains, comme c'est probable, comme l'autre s'en croit sûr, et qu'on le fasse officier pour cela, ni plus ni moins que son lieutenant... qui est une grue, nous verrons si vous la défendrez encore.

GEORGETTE.
Je ne comprends rien à ce que vous dites.

THIBAUT.
Ah ! nous verrons!

SCÈNE XII.

THIBAUT, GEORGETTE, ROSE, sortant de chez Thibaut ; VILLAGEOIS, VILLAGEOISES endimanchés, portant des bouquets; JOUEUR DE VIOLON, puis SYLVAIN.

MORCEAU D'ENSEMBLE.

CHŒUR.

Allons, la belle fiancée,
Êtes-vous prête et partons-nous?
Vous devez être un peu pressée
De tenir monsieur votre époux!...

ROSE.

Tant d'amis à mon mariage!...
C'est bien plus que je n'espérais.

THIBAUT, se moquant.

Mais pour un si grand personnage
On ne peut trop se mettre en frais!

GEORGETTE ET LES VILLAGEOIS.

En votre honneur, ma chère enfant,
On a mis ses riches toilettes.

THIBAUT.

Le tabellion vous attend
Avec sa plume et ses lunettes.

CHŒUR.

Allons, la belle fiancée,
Êtes-vous prête et partons-nous?
Vous devez être un peu pressée
De tenir monsieur votre époux.

THIBAUT.

Mais un instant, car d'ordinaire,
Mes amis, il est nécessaire
D'être au moins deux pour un hymen.

GEORGETTE.

En effet!... où donc est Sylvain?

CHŒUR, appelant.

Sylvain! oh là!... Sylvain!...

GEORGETTE, regardant au fond.

Le voilà!...

THIBAUT.

C'est heureux!...

CHŒUR.

Arrivez donc, bel amoureux!...

(Sylvain pâle et les yeux fixés sur Rose s'avance lentement.)

THIBAUT.

Mais quelle mine renfrognée!...

CHŒUR, en se moquant.

Beau commencement d'hyménée!...

ROSE, qui observait Sylvain, allant à lui avec inquiétude.

Sylvain! qu'as-tu donc? réponds-moi.
Quel est le chagrin qui t'oppresse?
Aurais-je perdu ta tendresse?
Sitôt, hélas!... ô ciel! tu m'éloignes de toi!...

CHŒUR.

Sylvain, explique-toi!...

SYLVAIN, après un temps et s'adressant aux paysans.

Quand un malheur frappe vos champs,
Quand vos bestiaux tombent mourants,
Quand votre toit brûle et s'écroule,
Si l'on demande qui l'a fait,
Aussitôt de Rose Friquet
Le nom circule dans la foule!...
Eh bien! elle a fait pis encor...
Elle a, pour gagner un peu d'or
Et sans que son cœur s'en émeuve,
Elle a, cette nuit, aux soldats,
Vendu, livré, comme Judas,
Le proscrit, l'enfant et la veuve!...

CHŒUR.

Ah! c'est affreux!...

ROSE.

Mon bon Sylvain!...
Tu deviens fou, tu perds la tête!...

CHŒUR.

Adieu l'hymen!... adieu la fête!...

THIBAUT.

Parbleu!... j'en étais bien certain!

ROSE, à Sylvain.

Qui?... moi!... j'aurais livré le proscrit et la veuve!...
Non, tu n'as pas dit ça!.,. non, non, c'est une épreuve!...

SYLVAIN.

Va-t'en! ne touche plus ma main!...

ROSE.

Sylvain!... mon bon Sylvain
Tu deviens fou, tu perds la tête!...

THIBAUT.

On la connaît, rien ne l'arrête
Elle va nier c'est certain!

ENSEMBLE.

ROSE, à part.

Il m'accuse! il me croit coupable!...
J'ai cru qu'il connaissait mon cœur!...
Mais non!... il m'outrage!... il m'accable!...
Ah! d'aujourd'hui je connais le malheur!...

SYLVAIN.

O trahison abominable!...
Moi qui me fiais à son cœur.
Qu'à jamais le mépris l'accable!...
Mais, je le sens, j'en mourrai de douleur

GEORGETTE.

Chacun soudain la croit coupable;
Chacun l'accuse avec fureur;
Votre haine est inexorable...
Mais je lui reste, et réponds de son cœur,

THIBAUT ET LE CHŒUR.

O trahison abominable!...
Du ciel crains la juste fureur!...
Qu'à jamais le mépris l'accable.
Fuis de ces lieux toi qui portes malheur!..

(A la fin de cet ensemble, Rose tombe accablée sur une pierre près de la fontaine et reste immobile les yeux fixés à terre.)

SYLVAIN, avec désespoir.

Pauvres proscrits!... ah! mon cœur se déchire!
Avec elle ils vont me maudire!...
Affreux supplice!... affreux tourment!...

LES VILLAGEOIS ET LES VILLAGEOISES.

(A Sylvain en s'approchant alternativement de lui et en le plaisantant.

Monsieur Sylvain, on peut le dire,
A fait vraiment un choix charmant.
Recevez notre compliment.

SYLVAIN, sans les écouter.

Ah! mon cœur se déchire!
Avec elle ils vont me maudire!

CHŒUR.

Elle te plaît comme cela
Eh! vite! épouse-la.

(Riant et se moquant.)

Ah! ah!
Épouse-la!...

(Ils sortent de différents côtés.)

THIBAUT, restant le dernier.

Épouse-la!
Ah! ah!

(Il sort en courant par le fond.)

SCÈNE XIII.

ROSE, SYLVAIN, GEORGETTE, qui s'est éloignée lentement et la dernière, et s'est arrêtée sur le seuil de sa porte en regardant Rose avec compassion.

(Moment de silence. Rose est restée immobile à la place qu'elle occupait. Sylvain au milieu de la scène paraît abîmé dans sa douleur. Tout à coup il lève les yeux sur Rose et s'élance pour saisir le bâton qu'il avait à la main en entrant.)

GEORGETTE, poussant un cri et se précipitant vers Sylvain.

Ah!.. (Rose demeure impassible sous le coup qui la menace. Les bras de Sylvain s'abaissent peu à peu. Il laisse tomber le bâton qu'il tenait, essuye une larme, puis les sanglots le gagnent et il cache sa figure dans ses mains pour pleurer.)

GEORGETTE, avec douceur après ce jeu de scène.

Non, voyez-vous, Sylvain, elle ne peut pas avoir fait ce dont on l'accuse. On est injuste envers elle. Je l'ai été comme les autres, comme vous dans le premier moment... Mais quand 'y songe... elle était si heureuse ce matin d'être votre fiancée... Comment vous aurait-elle trahi?... (Après un temps.) Vous savez, elle est fière... et il suffit qu'elle se sente injustement accusée pour qu'elle ne se défende pas!... Je suis sûre que si vous l'entendiez, votre cœur serait soulagé d'une grande peine! et qu'elle aurait bien les moyens de se justifier, si elle le voulait. (Georgette, en disant cette dernière phrase, s'est tournée vers Rose comme pour la prier de parler. Rose après un silence, tire, sans rien dire, un papier de sa poitrine et le tend à Georgette. Celle-ci va pour le lire, Rose lui retient impérativement la main, remonte lentement la scène comme pour sortir, détache son bouquet de mariée et le laisse tomber aux pieds de Sylvain.)

GEORGETTE, lisant le papier que lui a remis Rose.

Quatre heures du matin! frontière de Savoie... nous sommes sauvés!...

SYLVAIN.

Que dites-vous?... sauvés!...

SCÈNE XIV.

LES MÊMES, BELAMY, furieux et entouré de quelques dragons.

BELAMY, entrant, à Rose.

Halte-là! ma belle!...

SYLVAIN, qui a lu le papier.

Sauvés!... par elle!... et je l'accusais...

BELAMY, furieux, à ses hommes.

Comment, vous n'avez pu les prendre?... Comment! on vous place en embuscade, à plat-ventre, dans un ruisseau, et vous n'y restez pas?... (Montrant Sylvain.) Arrêtez-moi ce gaillard-là.

ROSE, l'entourant de ses bras.

Sylvain !

BELAMY.

C'est le chef du complot.

ROSE.

L'arrêter !... et que voulez-vous faire de lui?

BELAMY.

Le fusiller comme j'en ai le droit... J'en suis fâché, ma petite; mais quand on gagne la partie, je gagne la revanche. Ah ! tu me souffles mon brevet d'adjudant? Je te souffle ton marié : nous sommes quittes.

ROSE, avec accablement.

Perdu !... lui)... Je ne les ai sauvés qu'aux dépens de sa vie !

BELAMY, aux dragons.

Allons, emmenez-le.

ROSE, pleurant.

Un moment encore !... un moment, messieurs les soldats !... (A Belamy.) Oh! Monsieur!... ayez pitié de lui!

BELAMY.

Non.

ROSE.

Accordez-moi sa grâce.

BELAMY.

Non.

ROSE.

Je vous la demande à genoux.

BELAMY.

Non, non.

ROSE, se relevant.

Ah ! vous me refusez ? Ah ! vous tenez à vous venger de moi sur lui, en le faisant fusiller ? vous tenez à vous venger de moi

BELAMY.

J'y tiens.

ROSE.

Eh bien ! soit !... mais vous serez fusillé aussi, je vous le promets.

BELAMY.

Hein ? qu'est-ce que tu dis? moi ?

ROSE.

Tiens ! croyez-vous que ce soit bien difficile de m'en donner le plaisir et que je n'aie pas mes moyens tout prêts? (A Georgette et à Sylvain.) Ah ! soyez tranquilles... allez !... (A Belamy.) Qui donc est resté hier à danser au village au lieu de se rendre aux grottes de Saint-Gratien comme il en avait reçu l'ordre de ses chefs? Qui a négligé de fouiller la montagne, pour venir soupirer amoureusement dans un galant rendez-vous à l'ermitage?

GEORGETTE, à part et courant vers Belamy.

Juste ciel ! si elle va dire ça !...

ROSE.

Qui a laissé tranquillement échapper les gens qu'il avait sous la main? C'est un beau dragon de ma connaissance, à qui l'on apprendra à mieux observer sa consigne, je vous en réponds. Ah ! vous gagnez les revanches? Mais je ne jette pas mes cartes non plus. Le roi me prend mon amoureux, je lui prends un dragon. Troc pour troc, sire.

BELAMY.

Ah ça! mais voilà une gaillarde qui a le diable au corps.

SCÈNE XV.

LES MÊMES, THIBAUT, puis LES DRAGONS, TOUT LE VILLAGE, LE LIEUTENANT, essoufflé et couvert de poussière.

THIBAUT, accourant.

Maréchal, je vous annonce votre lieutenant. Il arrive à bride abattue.

ROSE, fièrement, à Belamy.

A nous deux !

BELAMY.

Ah! tu crois me faire peur ?

GEORGETTE, bas à Belamy.

Si vous parlez, vous me perdez.

ROSE, de même.

Si vous parlez, je dis tout.

BELAMY.

C'est ce que nous verrons...

GEORGETTE, poussant un cri.

Ah!

THIBAUT, courant à elle.

Eh bien! qu'est-ce qui prend à ma femme; elle se trouve mal.

GEORGETTE, bas à Belamy.

Par pitié!.. (Elle tombe dans les bras de Thibaut.)

THIBAUT, à Belamy.

Dites donc... ma femme se trouve mal.

BELAMY.

Parbleu !.. je le vois bien... (A part.) Crédié !.. je ne sais plus comment me tirer de là... et mon lieutenant que j'ai fait venir... avec ça qu'il doit être en nage !.. Ah ! bast! advienne que pourra !.. (Au lieutenant, qui entre, suivi de tout le village; il est tout essoufflé et s'essuie le front.) Mon lieutenant...

GEORGETTE, qui s'était ranimée, retombe dans les bras de son mari.

Ah !...

ROSE, résolument au lieutenant.

Mon lieutenant...

BELAMY, même jeu.

Mon lieutenant...

GEORGETTE, même jeu.

Ah!..

BELAMY.

Mon lieutenant... Il n'y a rien de nouveau !...

SYLVAIN, avec joie, à Rose.

Rose!..

BELAMY, au lieutenant.

Du reste, permettez-moi de vous présenter la mariée...

THIBAUT.

Si c'est pour lui dire ça qu'il l'a fait venir à franc étrier !.. (A Georgette.) Pourquoi vous êtes-vous ranimée tout d'un coup? (A Belamy.) Pourquoi vous a-t-elle coupé la parole?

BELAMY.

Suffit.

THIBAUT.

Mais je veux savoir.

BELAMY.

Suffit.

THIBAUT.

C'est que je commence à croire...

BELAMY.

Suffit, ou je vous fais fusiller. Ce sera une consolation. Pour celui-là, du moins, personne ne réclamera.

CHŒUR FINAL.

Sonne, sonne toujours,
Trompette
Coquette,
Sonne toujours
Pour la guerre et les amours,
Couvre le bruit de nos clairons
Et les soupirs de nos tendrons.
Sonne, sonne toujours,
Trompette,
Coquette,
Sonne toujours
Pour la guerre et les amours.

FIN